# 나는 나에게 명령한다

# 나는 나에게 명령한다

꿈★은 보여야 이루어진다

# 프롤로그

여러분은 꿈을 본 적이 있는가? 눈을 감으면 볼 수 있는 꿈이 아니라, 눈을 뜨고 정확히 볼 수 있는 꿈 말이다.

나는 어릴 적 선생님이 되고 싶었다. 아이들의 눈빛 속에 반짝이는 세상을 보고, 그 속에서 웃고 있는 내 모습을 상상하곤 했다. 그건 내가 본 어른들 중 가장 따뜻하고, 가장 멋져 보이는 사람이었기 때문이다.

하지만 시험을 망치자 친구가 말했다.

"너 그 성적으로 선생님 되겠냐?"

내 꿈이 선생님인 걸 알고 있던 친구는 내 점수가 현실적으로 어렵다고 생각했나 보다. 그 말을 그대로 믿었다. '맞아, 이 성적으로는 선생님이 될 수 없겠지.' 그 한마디가 내 마음의 불을 껐다. 그날 이후, 나는 꿈을 향해 가는 발걸음을 멈췄다. 돌이켜보면 그때 나는 눈을 감으면 보이는 꿈만 꾸었고, 눈을 뜨고 볼 수 있는 꿈은 꾸지 못했다.

성적이 나빴던 게 문제가 아니었다. 점수 너머의 길을 보지 못한 것, 그것이 바로 꿈을 보는 법을 잃은 순간이었다.

꿈은 보여야 이루어진다. 보이지 않는 꿈은 뇌가 인식하지 못한다. 보이는 순간, 뇌는 행동을 시작한다. 보여야 비로소 현실이 움직이기 시작한다.

그리고 그보다 더 중요한 건, 무엇을 볼지를 스스로 선택해야 한다는 것이다. 남이 보여주는 세상이 아니라, 내 마음이 반응하는 세상 말이다. 드림프린터는 단순한 프로그램이 아니다. 보이지 않는 꿈을 보이게 하는 장치, 즉 마음의 프린터다.

드림프린터의 시작은, 어른들을 위한 비전보드 강의에서였다. 사진과 글로 자신의 꿈을 시각화하는 법을 직접 해보고는, 많은 사람들이 놀라워했다.

"내 꿈이 눈앞에 사진으로 보이니까 가슴이 뛰어요."

"이제야 내가 뭘 해야 할지 알겠어요."

어른들조차 눈으로 보는 꿈의 힘에 감동했다. 그때 알게 되었다. 보여지는 순간, 꿈은 현실을 향해 나아간다는 것을. 그러던 어느 날, 중학생 조카에게 비전보드 만드는 법을 알려줬다. 그 아이가 조용히 말했다.

"여태껏 어른들이 이런 걸 알려준 사람이 없었어요."

그 말이 마음에 오래 남았다. '그래, 어른들도 모르는데, 아이들은 얼마나 막막할까.' 그날 이후 정체성을 찾아가는 첫 시기인 청소년들에게, 그들의 꿈을 눈앞에 보이게 하자고 생각했다.

요즘 아이들은 너무 많은 것을 본다. 유튜브, SNS, 광고 속에서 '누군가의 꿈'이 끝없이 쏟아진다. 그래서 정작 자신의 꿈을 보는 법을 잃는다.

드림프린터는 그런 아이들에게 자기 안의 꿈을 다시 보게 하는 도구다. 남이 보여주는 세상이 아니라, 자신의 마음이 반응하는 세상을 발견하게 한다. 꿈을 시각화한다는 건 단순히 사진을 붙이는 일이 아니다.

머릿속의 상상을 현실로 꺼내, 눈앞에 명령문으로 새기는 일이다. 보여야 행동이 따라오고, 행동이 반복될 때 그것은 루틴이 된다. 보인 꿈은 루틴이 될 때, 현실이 된다. 나는 매일 나에게 이렇게 말한다.

"나는 나에게 명령한다. 지금, 꿈을 보이게 하라."

보여진 꿈은 루틴으로 만들어야 한다. 루틴은 의지를 반복으로 바꾸는 기술이다. 하루하루 반복되는 행동 속에서, 우리는 꿈을 '습관의 언어'로 새긴다. 그렇게 할 때 비로소 꿈은 멈추지 않고 자란다.

군대에서는 명령이 떨어지면 모두가 움직인다. 불가능한 일도, 명령 하나로 가능해진다. 명령은 의도이고, 의도는 방향이다. 스스로에게 명령을 내리는 순간, 삶의 혼란은 질서를 찾기 시작한다. 내가 내게 내리는 명령은 세상 어떤 말보다 강력하다.

이 책은 그 여정을 담고 있다.

1부에서는 윤서의 이야기를 통해, 한 아이가 자신의 꿈을 찾아가며 변화하는 과정을 보여준다.

2부에서는 드림프린터가 어떻게 만들어졌는지, 그리고 '나는 나에게 명령한다'는 문장이 왜 사람의 마음과 행동을 바꾸는지를 다룬다.

3부에서는 당신이 직접 자신의 꿈을 출력하고, 그 꿈을 매일의 루틴 속에서 살아내는 방법을 구체적으로 안내한다.

이 책의 마지막 장을 덮을 때쯤, 당신은 더 이상 무엇을 해야 할지 묻지 않을 것이다. 이미 스스로에게 명령할 줄 아는 사람이 되어 있을 것이다.

보이지 않는 꿈을 보이게 하는 사람은 위대하다. 보이는 꿈을 매일 루틴으로 살아내는 사람은 세상을 바꾸는 사람이다. 이제 당신 차례다. 오늘 당신에게 명령하라. 그리고 그 명령을 두려워하지 말라.

나는 나에게 명령한다. 보이지 않는 꿈을 눈앞에 출력하라. 그리고 그 꿈을 매일의 루틴으로 살아내라. 그 순간, 꿈은 더 이상 먼 미래가 아니다. 지금 이곳에서 이미 시작된 현실이다.

「 목 차 」

## 제3부 _드림프린터 실습노트

# 제1부 : 아이들은 왜 꿈이 없다고 말할까

## 1

# 꿈이 없어요
# 그 말속에 숨은 진짜 두려움

혹시 아이에게 "꿈이 뭐니?"라고 물었다가, 대답 대신 "몰라요."라는 말을 들은 적이 있나요?

윤서는 중학교 2학년이다. 쉬는 시간에도 혼자 앉아, 연필을 손가락에서 빙글빙글 돌리며 바닥을 바라봤다. 친구들과 잘 어울리지 못해 힘들어했고, "너 뭐 하고 싶니?"라고 물으면 늘 짧게 대답했다.

"몰라요."

그 '몰라요' 속에는 깊은 무력감이 있었다. 친구들과 어울리지 못한다는 사실이 윤서를 더 움츠러들게 만들었고, 그 무력감은 꿈을 찾는 힘마저 빼앗아 갔다. 학교 가기 싫어서 울며 떼를 쓴 날도 많았다. 이런 아이에게 "넌 꿈이 뭐니?"라고 묻는 건, 방어벽을 더 높이는 질문이었다.

발달심리학에 따르면, 청소년기에는 '나는 괜찮은 사람'이라는 자기 인식이 사회관계의 기초가 된다. 친구 관계를 회복하려면 먼저 자존감이 필요했다. 초등때부터 항상 위축되있어서 친구들에게 다가가는걸 힘들어했다.

"친구들이 날 안 끼워주면 어쩌지?"라는 불안은 뇌를 위축시켰다. 엄마가 아이들에게 선물을 사주고, 생일파티를 열어줬지만 관계는 쉽게 좋아지지 않았다. 결국, 중요한 건 외부 조건이 아니라 내부 인식이었다. 자기 스스로를 괜찮은 사람으로 느끼는 것. 그래서 드림프린터를 함께 하자고 제안했지만, 무기력한 윤서는 "하기 싫어요."라고 했다.

"괜히 말했다가 비웃음당하면 어떡하지?" "내가 못 지키면 창피한데…" 아이들의 마음속에는 이런 자기방어가 자리하고 있다. 아이들에게 실패 경험을 준 뒤,"넌 실패했어,"라고 말한 집단보다 "넌 아직 배우는 중이야," 라고 말한 집단이 도전의욕과 회복탄력성이 높았다.

즉 꿈을 묻는 방식이 아이의 사고 방식을 결정한다. 비난형질문은 닫히게 하고 ,가능성형 질문은 뇌를 다시 열게 만든다 –심리학자 캐럴 드웩(Carol Dweck)

"성장 마인드셋(Growth Mindset)" 실험심리학적으로 열린 질문은 방어심리를 낮춘다. 그래서 이렇게 물었다.

"오늘 뭐가 제일 재밌었니?"

"쉬는 시간에 뭐 하다가 웃었어?"

"시간 가는 줄 모르고 한 건 뭐야?"

윤서는 잠시 고민하더니, "음… 그냥 가끔 그림 그려요." 라고 했다. 그 순간 알았다. 이 아이는 애니메이션 그리기를 좋아했다. 시간이 나면 캐릭터를 그렸지만, 정작 본인은 그걸 '좋아하는 일'로 인식하지 못했다. 하루는 윤서가 그린 그림을 가져왔다.

"와, 잘 그렸다!"라고 하자, 윤서는 고개를 저었다.

"그냥 그린 거예요. 다른 애들도 이 정도는 해요." 이 말은 겸손이 아니었다.

"내 안에 뭔가 있지만 꺼내는 게 무서워요. 거절당할까 봐 두려워요."라는 방어였다.

### 청소년에게 '꿈' 질문하는 법

- 오늘 뭐가 제일 재밌었니?
- 오늘 하루 중 웃었던 순간이 언제야?
- 시간 가는 줄 모르고 한 건 뭐야?
- 그순간 어떤 느낌이 들었어?
- 너만 할 수 있는 건 뭐 같아?

아이의 '몰라요'를 단숨에 바꾸는 마법 같은 질문은 없다. 하지만 '나는 괜찮은 사람'이라는 감각이 회복되면, 질문에 답할 힘이 생긴다.

"사람은 자신이 변할 수 있다고 믿을 때에만 실제 변한다. 즉, 꿈을 찾는 여정의 첫 단계는 '할 수 있다'는 감각을 되살리는 것이다. -심리학자 .앨버트 반두라(Albert Bandura)자기효능감(Self-Efficacy)

다음 장에서는 우리는 자존감이 회복될 때 꿈이 어떻게 다시 보이는지 살펴본다.

2

## 자존감이 바닥이면 꿈도 사라진다

윤서는 늘 무력했다. 하고 싶은 게 없는 건 아니었다. 하지만 눈앞에 보이지 않으니 '그건 나랑 상관없어'라고 스스로 단정했다. 마치 안개 속에서 길을 잃은 것처럼, 뭘 해도 제자리인 기분이었다. 보이지 않는 건 없는 것과 같았고, 그래서 윤서는 자신이 할 수 없다고 믿었다.

어느 날, 윤서에게 물었다.

"혹시 네가 그린 그림 있어?" 윤서는 가방 속에서 구겨진 종이 한 장을 꺼냈다. 웃고 있는 캐릭터 한 명. 그 웃음은 단순한 장난이 아니라, 윤서의 외로움과 희망, 그리고 참아왔던 마음이 함께 섞여 있었다.

"그냥… 시간 남을 때 그린 거예요." 윤서는 무심하게 말했지만, 그림 속에는 자기 감정이 그대로 담겨 있었다. 윤서는 교실에서 "꿈이 없어요"라고 말하던 아이였다. 그러나 수업시간에 그림을 그릴 때, 전혀 다른 표정을 보여주었다. 선 하나, 색 하나에 집중하며 몰입하는 모습은 분명 '살아 있는 에너지'였다. 하지만 윤서는 그 그림을 친구들에게 보여주길 꺼렸다. 아이들의 꿈은 자존감과 깊게 연결되어 있다.

자존감이 낮은 사람일수록 뇌의 '미래 시뮬레이션 회로(전두엽- 측두엽 연결)'가 덜 활성화된다 고 밝혔다.

-미국 캘리포니아대(UCLA)의 심리학자 줄리언 리어드(Julian Leary).

즉, "나는 안 될 거야"라는 생각은 단순한 기분이 아니라 실제로 뇌의 미래 상상 기능을 멈추게 한다. 윤서가 "그건 나랑 상관없어요."라고 말한 것은 의지가 없는 게 아니라 뇌가 '미래'를 그리지 못한 상태였기 때문이다.

그림을 본 나는, 윤서에게 말했다.

"이 그림을 아이들에게 보여주자." 처음엔 고개를 저었지만, 잠시 후 윤서는 그림을 들고 아이들 앞에 섰다. 처음엔 쭈볏거리더니 이내 말을 이어갔다

"이 캐릭터는… 그냥 웃고 있는 거 같죠? 근데 속으론 조금 쓸쓸해요." 순간, 교실 안에서 "우와!" 하는 함성이 터졌다. 윤서가 친구들에게 자신의 그림을 보여준 건 처음이었기때문이다

그날 이후, 윤서는 여러 장의 그림을 가져오기 시작했다.

"얘는 '루나'예요. 부끄럼이 많아요."

"이건 '토리'인데, 무슨 일이 있어도 친구를 지켜줘요."

윤서는 캐릭터의 성격과 이름, 이야기를 말하기 시작했다. 그림 속 세계가 점점 구체화되자, 윤서의 눈에도 자신의 꿈이 보이기 시작했다. 윤서가 그리는 건 단순한 그림이 아니라, 자기 세계를 만드는 일이었다.

"우리 뇌는 상상한 장면을 실제로 겪는 일처럼 받아들인다. 그래서 머릿속으로 꿈의 장면을 그릴 때 이미 행동의 회로가 켜진다. 즉, 그릴 수 있다면 이룰 수도 있다."

-하버드대 심리학자 스티븐 코슬린(Stephen Kosslyn)

윤서에게 그림은 단순한 취미가 아니라, 자기 안의 세계를 밖으로 꺼내는 통로였다. 꿈은 보여야 존재한다. 윤서의 구겨진 그림 한 장이, 친구들의 함성을 듣는 순간 새로운 가능성이 되었다. 보이지 않던 꿈이 눈앞에 나타나는 순간, 아이는 더 선명하게, 더 자신 있게 그 꿈을 말하기 시작한다.

그림을 통해 윤서는 자기 안의 이미지를 조금씩 볼 수 있게 되었다.

이제 필요한 건 질문을 바꾸는 일이다. 질문이 달라지면, 아이의 뇌가 켜진다.

3

## 질문을 잘못하면 답은 영원히 몰라요 다

혹시 아이에게 이렇게 물어본 적 있나요?

"언제 가장 행복했니?"

"인생에서 가장 도전적인 순간은?"

윤서에게 이 질문을 던지자, 고개를 갸웃했다.

"그런 건… 잘 모르겠어요."

아직 살아온 날보다 앞으로 살아갈 날이 훨씬 많은 아이에게 삶의 경험 속에서 답을 찾으라는 건 빈 페이지에서 오래된 사진을 찾는 것과 같다. 윤서에게 좋은 순간이 없어서가 아니었다. 그 순간을 '꿈'과 연결하는 법을 배운 적이 없었다.

머릿속에 이미지는 없고, 가슴에도 구체적인 감정이 없다면 아무리 깊이 있는 질문이라도 답이 나오지 않는다.

나는 예전에 어른들을 대상으로 비전보드 강의를 했다. 성인들은 과거 경험 속에서 꿈을 찾았다. 성인들이 쓰는 비전보드는 멋진 사진으로 가득 차 있다. 하지만 그중 상당수는 남의 꿈을 옮겨 붙인 것이다. 반면, 아이들의 드림프린터는 다르다. 아이들의 무의식, 낙서, 작은 성취 속에서 '나만의 씨앗'을 찾아내는 도구다. 그래서 질문이 중요하다.

"너 꿈은 뭐니?"라는 질문은 아이를 막다른 골목으로 몰아넣지만,

"너는 언제 신이 나니?"

"무엇을 할 때 즐거웠니?"라는 질문은 아이의 눈빛을 바꾼다.

우리가 누군가에게 질문을 받을 때, 뇌는 바로 반응한다. 기억을 꺼내는 부분이 움직이고, 동시에 문제를 해결하려는 부분이 켜진다. 하지만 그 질문이 "왜 그것밖에 못했어?"처럼 비난하거나 비교하는 말이라면, 뇌는 순간 방어 모드로 바뀌어 감정이 먼저 끓어오른다.

반대로 "어떤 점이 제일 재미있었어?"처럼 열린 질문을 하면, 호기심이 켜지고 생각이 깊어진다. 질문이 달라지면, 뇌의 길도 달라진다. -뉴욕대 언어신경학자 캐럴라인 월리스(Caroline Wallace)

청소년들은 아직 경험이 적다. 과거보다는 지금의 무의식과 흥미에서 답을 꺼내야 한다. 윤서는 "꿈이 없어요."

라고 했다. 비전보드의 질문을 던져봐도, 대답은 늘 "몰라요."였다.

그 모습을 보며 생각했다. 만약 윤서의 꿈을 눈앞에 보이게 해줄 수 있다면 어떨까?

그 순간부터 윤서가 스스로 움직일 수 있다면 얼마나 좋을까?

윤서에게 드림프린터를 적용했다.

"오늘 뭐 하다가 시간 가는 줄 몰랐어?"

"그때 기분이 어땠어?"

가벼운 질문에 윤서는 금방 그림 이야기를 꺼냈다. 캐릭터의 표정, 성격, 스토리를 설명하며 눈빛이 달라졌다.

**이미지 → 감정 → 출력**

세 단계를 거치자 윤서의 '무의식 속 꿈'이 눈앞에 나타났다. 그 질문이 드림프린터의 시작이었다.

Dream(꿈) + Printer(프린터)

- Dream: 마음속에만 있는, 아직 출력되지 않은 꿈
- Printer: 그 꿈을 눈에 보이게 만드는 장치

보이지 않는 꿈을 눈에 보이게 출력하고,
그 자리에서 바로 실행 루틴과 연결하는 시스템.
청소년이 지금 당장 자신만의 '출력 버튼'을 누를 수 있는 도구.

드림프린터는 그렇게 태어났다. 한 번 쓰고 끝나는 것이 아니라, 원할 때마다 꺼내 쓸 수 있는 평생 꿈 시스템으로.

보이지 않던 꿈을 눈앞에 출력하는 방법, 드림프린터. 이제 우리는 목표를 '하기'가 아니라 '되기'로 바꿔, 출력된 꿈이 끝까지 가는 힘을 갖도록 만들어야 한다.

4

# 하기는 멈추고 되기는 끝까지 간다

혹시 아이가 "공부하기", "운동하기"처럼 목표를 적었는데, 시험 끝나자마자, 대회 끝나자마자 그만둔 걸 본 적 있나요?

윤서는 드림프린터를 만들기 시작했다. 첫 줄에 쓴 건 '공부하기', '친구 사귀기'였다.

"공부하기라고 썼네? 그럼 무슨 공부할래?"

"몰라요. 아무거나…"

"그럼 어떤 과목이 그나마 들을 만해?"

"사회요. 그나마 들을 만해요."

"그럼 사회 공부 성적은 얼만큼 나와?"

"어떤 때는 80점, 어떤 때는 50점 정도요."

"그럼 사회 공부 85점에 도전해볼래?"

"뭐… 그러던가요."

그 대답을 들으며 나는 알았다. 윤서의 목표는 행동에만 초점이 맞춰져 있었다. 공부하기라는 말 속에는, 시험이 끝나면 멈추는 일시적인 의지가 숨어 있었다. 많은 아이들이 공부하기, 운동하기 같은 '하기' 목표만 세운다.

겉으로 보기에는 똑같이 열심히 사는 것 같지만, '하기'와 '되기' 사이에는 큰 차이가 있다.

"행동을 바꾸고 싶다면, 먼저 자신을 그런 사람으로 여겨야 한다. '운동을 해야 한다.'가 아니라 '나는 운동하는 사람이다.' 뇌는 반복되는 행동을 정체성으로 저장하기 때문에, 스스로를 그렇게 인식하는 순간부터 변화는 계속된다." -스탠퍼드 행동디자인연구소 비제이 포그(BJ Fogg) 교수

**하기 목표**

오늘 30분 공부하기. 이번 주 세 번 운동하기.

계획은 구체적이지만, 상황이 힘들어지면 쉽게 포기할 수 있다. 왜냐하면 그 행동이 내 정체성과 연결되어 있지 않기 때문이다.

**되기 목표**

나는 배우는 사람이다. 나는 건강을 지키는 사람이다.

이 문장은 단순한 행동이 아니라 그래서 힘든 날에도 '나는 이런 사람이야'라는 믿음이 행동을 다시 끌어낸다. 한 글자 차이지만 결과는 다르다.

여러 연구에서 '정체성 기반 목표'가 과제 지속과 성과 향상에 유리하다는 결과가 보고되었다. 윤서 역시 "공부하기"라는 표현 대신 "나는 배우는 사람"이라고 말했을 때, 조금씩 달라지기 시작했다.

하기와 되기를 쓴 아이들의 특징이 있다. 하기를 많이 쓰는 아이는 단기행동에 초점을 맞추고 외부에 의존하고 목표가 끝나면 멈추기 쉽다. 되기를 쓴 아이들은 변화에 유연하게 대처하고 성과가 습관으로 이어진다.

"미국의 교육심리학 연구팀(University of Illinois, 2022)은 미국 중학생 273명을 두 그룹으로 나누었다. A그룹에는 '성적 올리기(하기)' 목표를, B그룹에는 '나는 배우는 사람(되기)' 목표를 설정하게 했다. 1년 후, B그룹의 평균 성적은 12% 높았고, 과제 제출률도 18% 상승했으며, 대학 진학 의지도 두 배 이상 높았다. 결과적으로 '되기 목표'는 자기주도적 행동의 지속성을 강화했다. '하기'와 '되기'의 비교는 결국 정체성의 문제다. '하기'는 해야만 하는 일이고, '되기'는 이미 그런 나로 살아가는 일이다."

## 하기 vs 되기

| 하기 | 되기 |
| --- | --- |
| '무엇을 할까?'에 초점을 둔다. (공부하기", "달리기 30분 하기", "책 읽기") | 어떤 사람이 될까?'에 초점을 둔다.(꾸준히 배우는 사람", "움직이는 사람", "독서가") |
| 외부 동기(시험, 행사, 칭찬)에 의존한다. | 내부 동기(자기 정의, 가치관)에서 나온다. |
| 목표가 끝나면 행동도 끝난다. | 상황이 변해도 방향이 유지된다. |
| 날씨, 일정, 컨디션 변화에 쉽게 무너진다. | 변화에 맞춰 대안을 찾는다. |

하기를 되기로 바꾸는 한 가지 방법

많은 사람들이 '운동하기, 공부하기, 글쓰기'처럼 '하기'는 의지만으로 유지되기 어렵다. 계획표는 채워지지 않고, 금세 지쳐버리곤 한다. 이를 근본적으로 바꾸는 방법은 단순하다. 바로 '운동하기'를 '나는 내 몸을 건강하게 가꾸는 사람이다'로 바꿔보자.

'공부하기'를 '나는 배우는 것을 즐기는 사람이다'로 전환해보자.

'글쓰기'를 '나는 글로 내 생각을 표현하는 사람이다'라고 선언해보자.

정체성을 가지면 행동은 '해야 하는 일'이 아니라 '자연스러운 나의 모습'이 된다. 그래서 힘들어도 다시 돌아올 수 있고, 작은 성취가 쌓여도 크게 느껴진다.

한 문장으로 정리하면 이렇다.

## 정체성 문장 만들기

목표를 '나는 — 하는 사람이다'로 쓰게 한다.

예: '공부하기' → '나는 공부하기를 좋아하는 사람이다.

예: '친구 사귀기' → '나는 친구사귀기를 잘 하는 사람이다.

이렇게 하면 목표가 '단기 행동'에서 '나를 정의하는 기준'으로 바뀌어, 아이들이 환경과 상황 변화에도 흔들리지 않는다.

윤서가 '공부하기'에서 '나는 꾸준히 배우는 사람이다'로 문장을 바꾸자, 행동은 달라졌다. 이제 그 변화가 현실에서 어떻게 출력되는지, 윤서의 손끝에서 확인해 보자.

5

# 윤서가 만난 드리몬 -꿈의 씨앗을 출력하다

윤서는 드림프린터에 '공부하기', '친구 사귀기'만 적어 두었다. 그림을 그리는 건 좋아했지만, 그건 취미일 뿐 꿈이라고 생각해 본 적이 없었다. '드림프린터'는 말 그대로 보이지 않는 꿈(Dream)을 눈앞에 보이게(Printer) 만드는 도구다.

비전보드가 어른들의 도구라면, 드림프린터는 청소년을 위한 특별한 프린터다.

프린터에서 인쇄를 하려면 반드시 출력 버튼을 눌러야 하듯, 마음속 꿈도 세상에 나타나려면 출력 버튼을 눌러야 한다. 그리고 그 버튼을 누르는 순간, 마음속 깊이 있던 것이 눈앞에 펼쳐지는 짜릿함을 느낄 수 있다.

친구들 앞에서 캐릭터를 소개하고, 그림을 더 구체화하던 어느 날, 윤서에게 물었다.

"윤서야, 프린터기에서 인쇄를 하면 네가 설정한 그림

이 나오지? 만약 네 꿈을 출력하려면 어떻게 하면 되지?"
윤서는 잠시 생각하더니 대답했다.

"그냥… 말하면 되나요?"

"맞아. 말하는 게 바로 출력 버튼을 누르는 거야." 윤서는 웃으며 손가락으로 허공을 꾹 눌렀다. 그 표정은 장난스러웠지만, 눈빛에는 묘한 결심이 깃들어 있었다.

출력! 그 순간, 마음속에서 '내가 이걸 해도 된다'는 허락이 내려오는 듯했다.

그날 윤서는 드림프린터의 꿈 칸에 이렇게 적었다.

"나는 캐릭터 디자이너가 되는 사람이다."

심리학과 뇌과학 연구에 따르면, 나는 ~하는 사람이다. 라는 정체성 문장은 단순한 목표 설정보다 강력하다. 목표는 '해야 할 일'이지만, 정체성은 '나는 그런 존재다'라는 자기 인식이기 때문이다.

전두엽은 언어와 행동을 연결하는데, 정체성을 반복해서 선언하면 실제 행동 경로가 강화된다. 그래서 '나는 캐릭터 디자이너다'라는 말은 단순한 문장이 아니라, 뇌에 새겨지는 새로운 자기 이미지다.

전에는 행동 목표만 적었지만, 이번엔 자신의 정체성을 출력한 것이다. 말하는 순간 살짝의 망설임이 스쳤지만, 윤서는 멈추지 않았다.대신 '꿈 출력 버튼을 누르는 방법'

을 배우기로 했다.

## 꿈 출력 버튼을 누르는 방법

1. 나는 ~하는 사람이다라는 문장을 매일 소리 내서 말하기
- 뇌는 반복된 언어를 현실로 받아들인다.
- 예: 나는 매일 캐릭터를 그리는 사람이다.
2. 작은 행동으로 증명하기
- 하루 한 장 스케치, 색칠 한 번이라도 하면 뇌가 '진짜'라고 인식한다.
- 하루 한 장씩 그리다 보면 어느새 스케치북이 가득 찬다.
3. 다른 사람과 공유하기
- 외부의 반응은 뇌의 동기 회로를 자극한다.
- 오늘 이 캐릭터 어때?하고 보여주는 순간, 꿈은 더 선명해진다.

"뇌는 반복된 행동에 칭찬이나 관심 같은 긍정적인 반응을 받으면, 습관을 만드는 회로와 보상을 느끼는 회로가 동시에 켜진다. 이때 분비되는 도파민은 '이건 나에게 잘 맞는 일이야.'라는 신호로 작용한다. 그래서 윤서가 친구들에게 그림을 보여주는 건 단순한 공유가 아니

라, 뇌 속에서 '나는 그림을 그리는 사람이다.'라는 믿음을 강화하는 과정이다." - MIT 신경학자 앤 그레이빌(Ann Graybiel)

윤서는 이제 더 이상 '몰라요'라고 대답하지 않는다. 대신 이렇게 말한다.

"저는 캐릭터 디자이너예요." 그 한 문장이, 윤서의 마음속 꿈을 세상에 인쇄하기 시작한 첫 페이지가 되었다. 윤서처럼 많은 아이들이 "꿈이 없다"라고 말한다. 하지만 그 말은 진짜 무관심이 아니라, 스스로를 믿지 못하는 두려움에서 나온다. 아이의 자존감이 무너지고, 잘못된 질문이 쌓이면 결국 '몰라요'라는 말로 끝난다.

그렇다면 어떻게 해야 할까?

아이의 마음속 깊이 숨어 있는 가능성을 끌어내려면, 새로운 방식이 필요하다. 단순한 목표 설정이나 멋진 비전보드로는 부족하다. 아이들의 눈높이에 맞고, 지금 당장 실행할 수 있는 구체적인 도구가 있어야 한다. 바로 그 지점을 해결하기 위해 만들어진 것이다.

"나는 캐릭터 디자이너다."라는 선언은, 스스로에게 내린 첫 번째 명령이었다. 하지만 시간이 흐르면서 윤서는 또 다른 길을 발견했다. 바로 흙을 만지고, 형태를 빚으며, 자기 안의 세계를 밖으로 꺼내는 또 다른 방식이었다. 겉으로 보면 캐릭터 디자인과 도예는 전혀 다른 꿈처럼 보인다. 하지만 드림프린터의 관점에서 보면 둘 다 같은 뿌리에서 나온 가지였다. 스스로 명령하고, 출력 버튼을 눌러 꿈을 눈앞에 꺼내는 힘

윤서의 이야기는 보여준다. 아이의 꿈은 한 번 정한 목표로 끝나지 않는다. 출력 버튼을 누르는 순간, 꿈은 여러 갈래로 자라나며, 때로는 예상치 못한 모습으로 피어난다.

중요한 건 '무엇이 되느냐'가 아니라, 어떤 나로 살아가느냐'다. 이제부터 드림프린터 매뉴얼 12가지를 하나씩 살펴보며, 아이들의 숨은 꿈을 어떻게 눈앞에 출력할 수 있는지 확인해보자.

**※ 꿈 씨앗 발견 테스트**

아래 문항에 √ 표시하고 O/X를 적어보면서,
드리무 말풍선을 통해 행동 힌트 확인해 보기

## 체크리스트

| 번호 | 문항 | 체크 |
| --- | --- | --- |
| 1 | 하고 싶은 일이나 되고 싶은 사람이 머릿속에 떠오른다 | |
| 2 | 좋아하는 일을 하면 시간 가는 줄 모른다 | |
| 3 | 다른 사람이 "넌 뭘 좋아해?"라고 물으면 대답할 수 있다 | |
| 4 | 내가 잘하는 것 3가지를 바로 말할 수 있다 | |
| 5 | 최근에 무언가를 배우거나 시도하면서 성취감을 느꼈다 | |
| 6 | 혼자 있을 때도 내가 하고 싶은 활동이 있다 | |
| 7 | 미래를 떠올리면 설레는 장면이 하나라도 있다 | |
| 8 | 난 이걸 꼭 해보고 싶다는 생각이 가끔이라도 든다 | |
| 9 | 좋아하는 활동을 친구에게 소개한 적이 있다 | |
| 10 | 꿈을 떠올리면 내가 해낼 수 있다는 기분이 든다 | |

※ 결과 해석

드리몬 말풍선

8~10개 : 너의 꿈 씨앗은 이미 싹을 틔웠어! 이제 출력 버튼만 누르면 돼.

5~7개 : 씨앗은 있지만 햇빛이 더 필요해. 드림프린터로 표현하면 더 자란다.

2~4개 : 씨앗은 숨어 있어. 낙서, 취미, 대화 속에서 단서를 찾아보자.

0~1개 : 아직 출력 전이야. 괜찮아, 지금부터 찾으면 돼. 드리몬이 곁에서 돕고 있어.

## 드리몬이 알려주는 청소년 말 해석법 20가지

"드리몬은 아이들의 말을 번역해주는 꿈 해석가 아이의 말 뒤엔 언제나 감정과 신호가 숨어 있어요."

| 번호 | 아이의 말 | 드리몬 해석 | 교사·부모의 대응 팁 |
|---|---|---|---|
| 1 | "몰라요." | 선택이 두려운 상태.'모른다'는 말 뒤엔 불안이 숨어 있음. | 정답 요구보다 "괜찮아, 천천히 정하자." 말해주기 |
| 2 | "귀찮아요." | 자기 효능감이 낮을 때 나오는 방어 반응. | 2분 안에 가능한 작은 행동 함께 시작하기 |
| 3 | "하기 싫어요." | 의욕이 없다는 뜻보다 감정이 피곤한 상태. | 잠시 쉬기 허락 후 1분 후 재시작 유도 |
| 4 | "재미없어요." | 몰입이 끊어졌다는 신호. | 선택권을 주어 자기주도 회복 |
| 5 | "못해요." | 실패 경험으로 인한 자기 불신. | "처음이니까 당연해."로 인식 전환 돕기 |
| 6 | "다 알아요." | 자존감 방어. 스스로 부족함을 인정하기 두려움. | "정말? 그럼 너의 방법으로 보여줘."로 자연스럽게 도전 유도 |
| 7 | "귀찮게 하지 마요." | 통제받는다는 불편감. | 선택지를 주고 스스로 결정하게 하기 |
| 8 | "어차피 안 돼요." | 과거 실패의 기억이 강함. | 과거 성공 사례 떠올리게 하기 |
| 9 | "왜 해야 돼요?" | 의미 연결이 끊어진 상태. | '너에게 어떤 도움이 될까?' 질문 던지기 |

| | | | |
|---|---|---|---|
| 10 | "그냥요." | 감정을 표현할 단어가 부족한 상태. | "그냥 속이 답답해?"처럼 감정 단어 빌려주기 |
| 11 | "싫어요." | 자율성 위협을 느낄 때. | "싫구나, 그럼 어떻게 하면 좋을까?" 되묻기 |
| 12 | "몰라요(2)." | 감정 정리가 안 된 상태. | "지금 기분이 어떤지 말해줄래?"로 감정 분리 돕기 |
| 13 | "다른 애들은 잘해요." | 비교로 인한 위축. | "너의 속도로 충분해."로 비교 차단 |
| 14 | "귀찮은데요." | 피로 누적 + 동기 저하. | 간단한 행동 전 목표 재확인 질문 던지기 |
| 15 | "나중에 할게요." | 회피형 불안. 지금 감당이 어려움. | "지금은 1분만 해볼까?"로 시간 쪼개기 |
| 16 | "몰라도 돼요." | 배움에 대한 방어, 자존감 하락. | 성취보다 과정 칭찬 |
| 17 | "이건 재미없어요." | 흥미 영역 불일치. | 다른 방식 제시 ("그럼 그림으로 해볼래?") |
| 18 | "그냥 힘들어요." | 감정 과부하. | "지금 마음이 어디 아픈지 알려줄래?"로 감정 명료화 |
| 19 | "다 틀렸어요." | 완벽주의 성향. | "틀려서 배운 게 뭐야?"로 학습 전환 |
| 20 | "아무 생각 없어요." | 무기력 신호, 회피감성. | "그럼 그냥 그림으로 표현해볼까?"로 자극 제공 |

## 이제 꿈을 출력할 차례이다.

윤서의 이야기는 한 아이의 변화로 끝나지 않는다. 그건 우리 모두가 가진 마음의 여정이었다.

"이 책은 그 아이들의 이야기이자, 나의 실험 기록이다."

"나는 할 수 없다."

"나는 잘 모르겠다."

"그건 나랑 상관없어요."

이런 말들은 단지 아이들만의 언어가 아니다. 우리 안에도 여전히 존재하는 두려움의 문장들이다. 윤서가 꿈을 출력하듯, 우리도 스스로에게 허락을 내려야 한다.

"나는 해도 된다."

"나는 될 수 있다."

"나는 이미 그런 사람이다."

이 한 문장이, 보이지 않던 꿈을 눈앞으로 끌어당긴다. 드림프린터의 철학은 단순하다. 보이지 않는 꿈을 '보이게' 하고, 보이는 꿈을 '믿게' 하며, 믿는 나를 '되게' 만든다. 꿈은 거창한 목표가 아니다. 그것은 '나답게 살아가고 싶은 마음의 방향'이다. 윤서가 그랬듯, 아이의 꿈은 어느 날 갑자기 생기지 않는다.

질문이 바뀌고, 시선이 바뀌고, 말이 바뀔 때 조용히 피어나기 시작한다. 그 작은 말 한 줄, 그 한 번의 출력 버튼이 아이의 인생 전체를 바꿀 수도 있다. 이제, 윤서가 사용한 그 드림프린터를 직접 열어볼 차례다.

2부에서는 아이의 마음속 꿈을 눈앞에 출력하는 '드림프린터 매뉴얼 12가지'를 함께 살펴본다. 이 매뉴얼은 꿈을 '꾸는 법'이 아니라, 꿈을 '보이게 하는 법'이다. 이제, 상상의 잉크를 넣고 출력 버튼을 눌러보자. 당신 안의 드리본이 깨어날 시간이다.

# 제2부 : 드림프린터 매뉴얼 12가지

1

# 드림프린터란

많은 아이들이 "꿈이 뭐니?"라는 질문에 "몰라요"라고 대답한다. 하지만 그 말은 정말로 아무 꿈도 없다는 뜻이 아니다. 스스로 꺼내 말할 용기와 방법을 아직 배우지 못했을 뿐이다.

드림프린터(Dream + Printer)는 바로 이 지점에서 시작된다.

Dream

Printer

이 두 단어가 합쳐진 드림프린터는, 아이의 내면에 숨어 있는 꿈을 프린터가 버튼 하나로 문서를 출력하듯, 드림프린터도 몇 가지 과정을 거치면 꿈을 눈앞에 드러나게 한다. 질문을 통해 단서를 끌어내고, 상상으로 그림을 그리고, 정체성 선언으로 방향을 잡고, "나는 나에게 명령한다"는 언어로 마음을 움직인다. 그리고 작은 루틴으로 실천하고, 방해가 되는 생각 버그를 제거하면서, 아이의 꿈은 점점 더 현실과 가까워진다.

드림프린터는 밖에서 새로 주어지는 장치가 아니다. 사람은 누구나 태어날 때부터 자기 안에 드림프린터를 가지고 있다. 다만 그것이 중요한 사실은, 그 프린터를 작동시킬 수 있는 사람은 오직 자기자신이다. 아무리 부모나 교사가 돕더라도, 결국 출력 버튼을 누르는 손은 내 손이다. "나반의 드림프린터는 나만이 출력할 수 있다"는 깨달음이 있을 때, 아이는 비로소 자기만의 길을 걸어갈 수 있다.

비전보드가 '머나먼 미래의 그림'을 보여주는 도구라면, 드림프린터는 '지금 당장 실행할 수 있는 행동'을 출력해내는 장치다. 이 차이 덕분에 드림프린터는 아이들의 눈빛을 바꾸고, 곧바로 행동으로 이어지게 만든다.

두 도구의 구체적 차이는 매뉴얼12번에서 자세히 다룬다. 한마디로 정리하면, 드림프린터는 보이지 않는 꿈을 눈앞의 행동으로 출력하는 루틴 시스템이다. 이 장치가 있으면, 아이는 추상적인 미래 대신 오늘의 행동을 바꿀 수 있고, 교사와 부모는 아이가 무엇을 좋아하고 어디로 가고 싶은지 더 분명히 확인할 수 있다. 그리고 드림프린터에는 아이들을 돕는 가이드가 있다. 그 이름은 드리몬(Drimon)이다.

드리몬은 Dream(꿈)+Monster(몬스터)가 합쳐진 말이다. 여기서 '몬스터'는 무섭고 두려운 존재가 아니라, 아이의 상상 속에서 힘을 보태 주는 든든한 캐릭터를 뜻한다. 즉, 드리몬은 "꿈을 출력할 때 옆에서 함께 힘을 주는 상상의 조력자"다. 아이에게는 보이지 않던 길을 밝혀주고, "버튼을 눌러봐!" 하고 용기를 주며, 때로는 질문을 던져 마음속 단서를 끌어내게 한다. 드리몬은 아이가 자기 꿈을 찾고 출력하는 과정을 더 친근하고 재미있게 만들어 주는 파트너다.

이제 우리는 드림프린터의 원리를 토대로, 아이들의 꿈을 그 과정을 구체적으로 안내하는 것이다. 이 방법은 교사와 부모가 아이를 지도할 때도, 아이 스스로 자기 꿈을 찾아갈 때도 똑같이 적용할 수 있다. 한 가지씩 따라가다 보면, 막연했던 '몰라요'가 구체적인 '이게 내 꿈이에요'라는 선언으로 바뀌는 순간을 만나게 될 것이다.

• 드림프린터의 4단계 구조

| 단계 | 구조 | 의미 |
|---|---|---|
| 1단계 | Dream (상상) | 마음속 장면을 그림으로 떠올린다 |
| 2단계 | Command (명령) | “나는 ~하는 사람이다” 자기명령 작성 |
| 3단계 | Print (출력) | 눈에 보이게 붙이기·적기·말하기 |
| 4단계 | Routine (루틴) | 작게 반복하며 각인 |

## ※ 셀프 진단

“나는 내 꿈을 출력하고 있나?”

□ 내 꿈을 구체적인 그림으로 본 적이 있다.

□ 내 꿈을 문장으로 말하거나 적은 적이 있다.

□‘나는 ~하는 사람이다’라는 문장을 써본 적이 있다.

□ 내 꿈을 향해 작게라도 반복하는 행동이 있다.

□ 그 행동을 다른 사람과 공유해본 적이 있다.

☑ 3개 이상이면, 이미 드림프린터가 작동 중이다.

## ※ 교사·부모 활용 팁

"너의 꿈은 뭐니?" 대신
"오늘은 어떤 그림이 그리고 싶어?"라고 물어보자.
→ 언어 대신 이미지로 꿈을 꺼내는 첫 단계가 된다.
아이가 그린 그림 옆에 '나는 ~하는 사람이다' 문장을 적어두게 하자.
→ 명령문은 뇌를 각성시킨다.
집 안이나 교실에 '출력 벽'을 만들어 아이가 매일 보도록 해보자.

드림프린터는 꿈을 상상하는 도구가 아니라, 꿈을 실행하는 시스템이다. 그리고 드리몬은 그 여정의 안내자다. 아이는 스스로에게 명령한다.

"나는 나에게 명령한다. 나의 꿈을 출력하라."

2

# 나는 나에게 명령한다

우리는 어릴 적부터 명령 속에 살아왔다.

아기일 때는 '하지 마, 위험해, 조심해.'

학생이 되면 '공부해라, 열심히 해라.'

군대에 가면, 회사에 가면, 사회생활을 하면 끝없이 이어진다.

그리고 우리는 그 명령을 잘 수행할수록 '괜찮은 사람'이라는 평가를 받았다.

생각해보라.

지금까지 얼마나 많은 명령을 들어왔는지.

그런데 그 명령들이 내 꿈을 움직였는가?

아니다. 대부분은 내 몸을 억지로 끌고 간 것일 뿐이다.

하지만 내가 나에게 내린 명령은 다르다.

이것은 내 꿈을 조정할 수 있는 유일한 명령이다.

**필요할 때마다 스스로 이렇게 말해보라.**

'나는 나에게 명령한다.'

그러면 마음속 어지럽던 잡음들이 멈추고, 하나의 방향으로 정리되기 시작한다.

지금 당장 해보라.

'나는 나에게 명령한다. 웃어라.'

웃기 싫어도, 진짜 웃게 된다.

안 믿기면 다시 해보라.

'나는 나에게 명령한다. 슬퍼라.'

순간 눈가가 무거워진다.

왜 그럴까?

하버드대 심리언어학 연구에 따르면, 뇌는 '상상' 과 '언어'를 구분하지 못한다. 말로 한 명령은 실제 경험처럼 인식되고, 그에 맞는 생리 반응(웃음, 긴장, 슬픔)이 즉시 나타난다. 이것이 '나는 나에게 명령한다'의 과학적 원리다.
많은 아이들이 이렇게 말한다.

"엄마가 하래서요."

"선생님이 시켜서요."외부의 지시는 잠깐 힘이 될 수는 있지만, 오래가지는 않는다.

아이 스스로 자기에게 내린 명령이 자신의 꿈을 부른다. 도호쿠대학교의 심리학자 스기야마 교수는 흥미로운 실험을 했다. 참가자들에게 10분 동안 단순한 집중 과제를 시킨 뒤, 세 그룹으로 나누었다. 첫 번째 그룹은 "나는 집중한다."라고 속으로 반복했고, 두 번째 그룹은 "집중해야지."처럼 다짐형 문장을 사용했다.

세 번째 그룹은 아무 말도 하지 않았다. 결과는 뚜렷했다. '나는 집중한다'처럼 자기 자신에게 명령한 그룹이 다른 그룹보다 집중 지속 시간이 두 배 길었다. 뇌파를 측정해 보니, 이 그룹이 전두엽(집중과 판단을 담당하는 영역) 활성도가 가장 높았다.

즉, '명령문'은 뇌에게 구체적인 실행 신호를 보내는 언어다. 결심이나 다짐은 '의도'에 머물지만, 명령은 뇌를 '행동 모드'로 바꿔 놓는다. 그래서 "해야지"보다 "한다"가 더 강력하다. 지금 당신이 학생이라면 이렇게 해보자. "공부해야지." 대신 "나는 지금 공부한다." "해야겠다." 대신 "한다." 이 짧은 한 문장이, 뇌의 전원을 켜는 스위치가 된다.

특히 10대 청소년에게는 자기 언어를 통한 명령이 자존감을 높이고, 행동을 촉발하는 강력한 도구가 된다.

하루 중 가장 많이 대화하는 상대가 누구일까? 친구

도, 부모님도, 선생님도 아니다. 바로 '나 자신'이다. 내 마음속에서는 하루 종일 이런 말들이 싸우고 있다. '공부할까? 말까?', '운동할까? 귀찮은데 그냥 누울까?'주인이 없으니, 마음속 말들이 자기들끼리 떠들어대는 것이다. 이때 필요한 것이 바로 내가 나에게 내리는 명령이다.

'나는 나에게 명령한다. 수학 5문제를 풀어라.'

'나는 나에게 명령한다. 오늘 100점을 목표로 한다.'

이렇게 말하면, 마음속 잡음들이 싸움을 멈추고 한 방향으로 움직인다. 이제부터 중요한 것은, 이 명령을 단순히 말로 끝내지 않고 내가 내린 명령이 행동으로 이어질 때, 뇌는 그것을 반복 학습하며 더 강력한 신호로 각인한다. 이렇게 자기 명령은 단발적인 선언을 넘어, 루틴과 습관으로 이어지는 다리 역할을 하게 된다.

**※자기 명령문 3가지 규칙**

1. 현재형으로 쓴다 → "나는 발표한다."
2. 긍정형으로 쓴다 → "나는 침착하게 말한다."
3. 정체성을 포함한다 → "나는 발표를 즐기는 사람이다."

이 세 가지를 지키면, 명령문은 단순한 문장이 아니라 '정체성을 세팅하는 코드'가 된다.

뇌는 부정문을 이해하지 못한다. "하지 말자."라고 해도, 뇌는 '그 행동'을 먼저 그린다. 그래서 "안 해야지."보다 "한다."가 강하다.

**※자기 명령문 예시**

□ 지윤(초6, 12세): "나는 내 생각을 말로 표현하는 사람이다."
□ 민수(중1, 13세): "나는 아침에 스스로 일어나는 사람이다."
□ 유나(중3, 15세): "나는 발표할 때 눈을 마주치는 사람이다."

이 문장들은 작지만 강하다. 명령은 '해야 한다'가 아니라, '이미 그렇게 된다'는 선언이다. 아이들은 처음엔 어색해하지만, 며칠만 반복해도 표정이 바뀌고 목소리가 단단해진다.

**※ 셀프 진단**

"나는 내 뇌에 명령을 내리고 있나?"
□'나는 ~한다'라는 문장을 써본 적이 있다.

□ 내가 원하는 행동을 말로 선포해본 적이 있다.

□ 타인의 말보다 내 말에 더 집중해본다.

□ 하루 중 내 말버릇을 의식해본 적이 있다.

□ '나는 이런 사람이다.'라고 선언한 적이 있다.

☑ 3개 이상이라면 이미 자기명령이 작동 중이다.

**※ 교사·부모 활용 팁**

"공부 열심히 해라." 대신 "오늘 네가 스스로 내릴 명령은 뭐야?"라고 물어보자.

→ 아이가 주도적으로 사고하게 된다.

아이가 말한 명령문을 함께 벽에 붙여두면 '자기리더십 선언문'이 된다. 하루 한 번, 가족 모두가 각자의 명령문을 공유하면 '말이 행동이 되는 문화'가 만들어진다. 명령은 누군가를 지배하기 위한 도구가 아니라, 나를 움직이게 하는 가장 강력한 언어다.

3

## 커서 뭐가 되고싶니?<br>대신 물어야 할 질문

대부분 어른들은 아이에게 이렇게 묻는다. '넌 커서 뭐 되고 싶니?' 많은 아이들이 제대로 답하지 못한다. 질문이 잘못되었기 때문이다. 이 질문은 청소년에게는 너무 멀리 있다. 아이들은 당장 오늘도 감정을 조절하기 어렵고, 친구 관계 속에서 하루를 버티기도 힘든데, 10년 뒤 직업을 묻는 건 답을 할 수 없는 숙제를 내미는 것과 같다. 답을 못 하니 결국 이렇게 말한다.

"몰라요.", "없어요."

사실 꿈은 멀리서 오는 게 아니라, 이미 아이의 일상 속에 단서로 숨어 있기 때문이다. 아이가 몰입했던 순간, 웃었던 순간, 기쁨을 느꼈던 순간이 바로 꿈의 씨앗이다. 뇌과학 연구에서도 확인된다. 즐거웠던 경험을 떠올리면 도파민 보상회로가 활성화되고, 다시 행동하고 싶은 동기가 생겨난다. 즉, 질문 하나가 뇌를 켜는 버튼이 될 수 있다는 뜻이다.

하지만 우리는 종종 아이에게 "커서 뭐가 되고 싶니?"만 묻는다. 아이의 마음을 여는 질문은, 내 마음을 여는 질문에서부터 시작된다. 내가 나에게 던져본 적 없는 질문을 아이에게 먼저 던질 수는 없다. 그래서 이 장의 핵심은 "다르게 묻는 법"이다.

아이에게 다른 질문을 하기 전에, 먼저 자신에게 이렇게 물어보자.

- "나는 언제 가장 즐거웠지?"
- "무엇을 할 때 시간 가는 줄 몰랐지?"
- "내가 스스로 자랑스러웠던 순간은 언제였을까?"
- "나는 누구와 함께 있을 때 마음이 편했나?"

내가 내 대답을 찾을 때, 아이에게도 같은 질문을 진심으로 던질 수 있다. 윤서는 "몰라요."라고 말하곤 했지만, "언제 웃었어?"라는 질문에는 대답했다.

"저는 혼자 그림 그릴 때가 좋아요."

그 말은 단순한 취미가 아니었다. 윤서 안에 숨어 있던 '되고 싶은 나'의 단서, 정체성의 씨앗이었다.

이제, 아이에게도 다르게 질문해보자.

- “너 언제 가장 웃었니?”
- “무엇을 할 때 시간이 빨리 가?”
- “최근에 스스로 ‘잘했다’고 느낀 건 뭐야?”
- “혼자 있을 때 제일 편안한 순간은 언제야?”
- “친구랑 같이 있을 때 가장 즐거웠던 경험은?”
- “네가 좋아서 스스로 찾아 했던 건 뭐야?”
- “학교에서 힘들었지만 끝까지 해낸 건?”
- “어떤 순간에 ‘이건 내 거야’라는 느낌이 들었니?”
- “네가 가장 편안하게 웃을 수 있는 공간은 어디야?”
- “요즘 네가 제일 사수 하는 생각은 뭐야?”

이 질문들은 직업을 묻지 않는다. 대신, 아이의 무의식은 이미 답을 알고 있다. 그리고 이 질문들은 그 답을 끌어올리는 버튼이다. 결론은 단순하다. 질문이 달라지면 대답도 달라진다. 대답이 달라지면 아이의 눈빛이 달라지고, 눈빛이 달라지면 행동이 바뀌며, 그 행동은 루틴이 된다. 결국 꿈은 “커서 뭐가 되고 싶어?”라는 질문에서 나오지 않는다. “나는 언제 웃었지?”라는 질문에서 시작된다.

**※ 셀프 진단**

“나는 감정에서 꿈의 단서를 찾고 있나?”

□ 최근에 즐거웠던 일을 떠올릴 수 있다.

□ 내가 몰입했던 순간이 언제인지 알고 있다.

□'좋다'는 감정을 느낄 때마다 기록해본 적이 있다.

□ 내 감정이 좋아지는 상황을 의식해본 적이 있다.

□'이건 내 거야.'라고 느꼈던 경험이 있다.

☑3개 이상이라면, 이미 너의 꿈은 '감정의 언어'로 출력 중이다.

**※ 교사·부모 활용 팁**

"커서 뭐 되고 싶니?" 대신 "언제 제일 웃었니?"라고 물어보자.

→ 아이의 감정 회로가 켜진다.

아이가 말한 '즐거운 순간'을 적어 벽에 붙이면 그것은 아이만의 '감정 드림지도'가 된다. 가족이 주 1회 "이번 주 가장 즐거웠던 순간"을 나누면 감정과 꿈을 연결하는 회로가 자연스럽게 강화된다.

4

## 상상은 뇌를 속이고 현실을 바꾼다

"상상은 그냥 공상 아닌가요?"

많은 어른들이 이렇게 말한다. 아이들도 비슷하다. "상상해봐"라고 하면, 허무맹랑한 이야기나 만화 속 장면을 떠올린다. 그래서 현실과는 전혀 상관없는 놀이처럼 생각한다.

"뇌과학 연구에 따르면, 실제 경험과 생생하게 상상한 경험은 뇌에서 거의 같은 반응을 일으킨다.

예를 들어 농구 연습을 실제로 한 집단과, 머릿속으로만 슛을 던지는 상상을 반복한 집단 모두 슛 성공률이 올라갔다는 실험 결과가 있다. 즉, 아이가 '이미 이루어진 것처럼 상상하기'만 해도 뇌는 그것을 현실 준비 과정으로 받아들인다."

하버드대 연구팀은 피아노를 연습하는 두 그룹을 비교했다. 한 그룹은 실제로 매일 연습했고, 다른 그룹은 피아

노 앞에 앉아 손가락을 움직이는 장면만 머릿속으로 그렸다. 결과는 어땠을까? 두 그룹 모두 뇌의 운동 영역이 발달했다.

운동선수들도 마찬가지다. 올림픽에서 금메달을 딴 선수들은 경기 전 늘 자신이 결승선을 통과하는 장면을 수백 번 상상한다. 그 순간의 땀 냄새, 청중의 환호, 가슴이 터질 듯한 긴장까지 모두 떠올린다. 여기서 중요한것은 아주 실제같은 상상이다 땀냄새마저 상상할수 있다면 실제 경기에선 그 상상이 현실로 연결된다.

아이들도 그렇다. 책상에 앉아 창밖을 바라보며 내가 무대에 서면 어떨까? 내 작품이 전시되면 어떨까?하고 상상할 수 있다. 하지만 안타깝게도 많은 어른들은 이렇게 말한다.

"멍 때리지 말고 공부나 해라."

이 말은 단순한 잔소리가 아니다. 아이의 미래를 꺾는 소리다. 그러면 상상과 공상은 어떻게 다를까? 상상은 현실과 연결되어 뇌를 속이는 힘을 가지지만,공상은 현실과 단절된 망상에 불과하다. 예를 들어 나는 이미 합격했다고 상상하며 공부하는것은 뇌를 실제 성취 경험처럼 반응하게 만든다. 반면 '나는 아무것도 하지 않아도 언젠가 갑자기 유명해질 거야'라는 공상은 행동으로 이어지지 않는다. 중요한것은 상상은 행동을 준비시키고 공상은 행동을 지연시킨다는 점이다. 그래서 드림프린터는 아이들에게 공상이 아니라 현실과 맞닿은 상상을 출력하도록 돕는다.

지금 질문에 답하고 상상해보자. 그 상상이 바로 현실의 첫 장면이다.

· 내가 무대 위에 서 있다면, 무슨 말을 하고 있을까?
· 사람들이 내 작품을 보고 있다면, 어떤 표정을 지을까?
· 내가 원하는 목표를 이룬 순간, 내 옆에는 누가 서 있을까?
· 그 장면에서 나는 어떤 옷을 입고 있을까?
· 그 순간 내 표정은 어떤 모습일까?
· 주변에서 어떤 소리가 들리는가?
· 그 순간 내 마음은 어떻게 뛰고 있을까?
· 성공한 내 모습이 기사로 난다면, 제목은 뭐라고 적힐까?
· 그 장면이 영화라면, 어떤 장면으로 찍힐까?
· 상상한 장면을 사진으로 찍는다면, 어떤 구도가 가장 멋질까?

그림을 그리듯 마음속 상면을 자세히 떠올릴수록, 뇌는

그 이미지를 '현실의 청사진' 으로 저장한다. 그 순간부터 상상은 단순한 생각이 아니라, 현실을 향한 명령이 된다. 상상은 공상이 아니다. 아이들이 상상할 때 "멍 때리지 말라"고 말하는 순간, 우리는 그 미래 리허설의 문을 닫아버린다. 그건 곧 아이가 미래를 준비할 기회를 빼앗는 일이다.

공부는 필요하다. 하지만 공부만으로는 불가능하다. 미래는 머리로 계산하는 게 아니라, 마음으로 그리는 것이다. 그러니 아이가 창밖을 보며 상상에 잠겨 있다면, 이렇게 말해보자.

"좋아, 지금 뭘 떠올렸어? 한 번 적어볼래?"

그 순간이야말로 미래를 출력하는 시간이다.

**※ 셀프 진단**

"나는 현실형 상상을 하고 있나?"

□ 나는 나의 꿈을 구체적인 장면으로 떠올릴 수 있다.
□ 그 장면 속에서 내 표정·감정·소리를 상상할 수 있다.
□ 상상 후 실제로 행동하고 싶어진 적이 있다.
□ 상상 중 '이미 해냈다'는 느낌을 받은 적이 있다.
□ 공상이 아닌, 행동으로 이어진 상상을 해본 적이 있다.
☑ 3개 이상이라면, 너의 뇌는 이미 꿈을 현실처럼 리허설 중이다.

※ 교사·부모 활용 팁

"멍 때리지 마." 대신 "지금 뭘 떠올렸어?"라고 물어보자.

→ 아이의 상상 회로가 실행 모드로 전환된다.

아이가 떠올린 장면을 그림이나 말로 표현하게 하자.

→ 상상 → 시각화 → 행동으로 이어지는 뇌 루프가 형성된다.

교실이나 가정에서 '상상 출력 벽'을 만들어 아이들이 자신의 장면을 그려 붙이게 하면, '보이는 상상 → 행동 동기화' 효과를 얻을 수 있다. 상상은 내가 미리 가보는 미래다. 머릿속에서 충분히 살아본 꿈은, 반드시 현실에서도 다시 만난다.

5

## 몸이 먼저 바뀌면 마음도 따라온다

"아직 아무것도 안 됐는데, 어떻게 된 척을 해요?"그건 가식이잖아요

많은 아이들이 이렇게 반문한다. 그런데 중요한 사실이 있다. 한 번 상상해보자. 네가 무대 위에 서 있다고 해보라. 아직 무대에 서본 적은 없지만, 마음속에서 마이크를 잡고 청중을 바라본다고 떠올리는 순간, 가슴이 두근거리고 손바닥에 땀이 난다. 실제로 그 자리에 있지 않아도 몸은 이미 반응한다. 이것이 뇌의 신기한 성질이다.

하버드대 심리학자 에이미 커디(Amy Cuddy)는 이 사실을 실험으로 증명했다. 참가자들에게 단 2분간 '파워 포즈'를 취하게 했다. 양손을 허리에 올리고, 어깨를 쭉 펴고, 턱을 당당히 세우는 자세였다. 단 2분 만에 변화가 일어났다.

자신감을 높이는 테스토스테론은 상승하고, 스트레스 호르몬인 코르티솔은 감소했다. 즉, 아직 아무 일도 일어나지 않았는데도, 몸이 먼저 변하자 마음이 따라온 것이다. 몸이 뇌에게 보내는 신호는 우리 몸이 감정을 표현할 뿐 아니라 감정을 만들어내는 공장이라는 사실을 보여준다.

뇌는 몸의 움직임을 '감정의 언어'로 해석한다. 그래서 화가 나 있을 때 억지로라도 30초 동안 웃어보면 뇌는 "나는 즐겁다"고 착각한다. 이걸 '신체 피드백 효과(Body Feedback Effect)'라고 부른다. 허리를 펴면 '자신감 회로'가 켜지고, 고개를 숙이면 '위축 회로'가 작동하며, 미소를 짓는 순간, 뇌는 '안정 호르몬'을 분비한다. 몸이 보내는 작은 신호 하나가 감정의 방향을 완전히 바꿔놓는 것이다.

학교 가기 싫은 아침이라면, 먼저 자세부터 바꿔보자. 기지개를 켜고, 어깨를 펴고, "오늘은 괜찮아."라고 작게 속삭인다. 이 단순한 움직임 하나가 뇌에게 "준비됐어." 라는 신호를 보낸다.

· 거울 앞에서 미소를 짓고 "좋아, 오늘은 멋진 날이야."
· 발표 전, 파워 포즈로 2분만 서 있기.
· 불안할 때, 가슴을 펴고 깊게 숨쉬기.

· 기분이 처질 때, 음악에 맞춰 몸 흔들기.

이런 짧은 행동이 감정을 정렬시키는 스위치가 된다.

몸은 '생각보다 빠른 언어'를 쓴다. 따라서 작은 행동 하나가 '생각'보다 먼저 '마음'을 바꾼다.

· 공부하기 싫을 때는 "해야지"보다 먼저 책상 앞에 앉기.

· 불안할 때는 생각 멈추고 심호흡 3회.

· 자신감이 떨어질 때는 목소리를 또렷하게 내기.

· 짜증날 때는 입꼬리 올리기.

행동이 먼저면, 마음은 나중에 따라온다. 뇌는 '행동한 나'를 보고 "이 사람은 이미 하고 있다"고 판단하기 때문이다.

드림프린터에서 '출력'은 글을 쓰는 것이 아니라, 몸이 움직이는 행동의 시작이다. 몸이 반응하면, 뇌는 현실을 인식하고 그 순간부터 꿈은 '실행 모드'로 전환된다.

아이가 "하기 싫어요."라고 말할 때, 바꿔야 할 것은 마음이 아니라 몸의 상태다. 단정한 옷, 또렷한 목소리, 밝은 표정. 그건 단순한 꾸밈이 아니라 오늘의 나에게 보내는 '준비 완료' 신호다. 작은 변화가 정체성을 앞당긴다.

몸이 달라지면, 마음이 움직인다. 마음이 움직이면, 꿈이 출력된다.

## ※ 셀프 진단

"나는 몸으로 내 꿈을 연습하고 있나?"

□ 나는 자신 있는 자세로 서 있거나 걷는 연습을 해본 적이 있다.

□ 싫을 때도 미소를 지으며 감정을 바꿔본 적이 있다.

□'되기 목표'를 성하고 행동으로 흉내 내본 적이 있다.

□ 옷차림이나 말투를 바꾸어 기분이 달라진 경험이 있다.

□ 몸이 먼저 바뀌면 마음이 따라온다는 것을 체험한 적이 있다.

☑ 3개 이상이라면, 이미 너의 몸은 꿈을 출력하기 시작했다.

## ※ 교사·부모 활용 팁

아이가 "하기 싫어요."라고 말할 때 "그럼 몸부터 바꿔보자."라고 제안해보자.

→ 뇌의 인식은 '행동 후 변화형'으로 작동한다.

수업 전 2분간 파워포즈 루틴, 발표 전 30초 웃는 연습을 함께 시도하라.

→ 몸이 바뀌면 뇌의 자신감 회로가 즉시 켜진다.

아이가 이루고 싶은 목표를 말할 때, 그 장면 속 자신의 자세와 표정을 떠올리게 해보자.

→ 예를 들어 "그때 네 얼굴은 어떤 표정일까?", "몸은 어떻게 움직이고 있을까?"를 물어보면 아이의 상상은 뇌의 실행 루프와 연결된다. 하루 한 번, 그 '장면의 자세'를 다시 취하게 하라.

뇌는 그 순간을 현실처럼 기억한다.

몸은 내가 내리는 첫 번째 명령이다. 몸이 변하면 마음은 반드시 따라온다.

6

# 노력보다 생각이 먼저다

"노력하면 된다."

많은 사람들이 이렇게 말한다. 하지만 진실은 다르다. 노력만 계속하다 보면, 결국 계속 노력할 일만 생긴다.

처음엔 "나는 노력할 거야"라고 말한다. 하지만 생각 없이 무작정 애쓰면, 결과가 나오지 않는다. 결과가 없으니 다시 "더 노력해야지"라는 말만 남는다. 그리고 다시 지치고, 또 자기 위안을 한다. 결국, 영어 단어를 외우기보다, "오늘은 몇 시간 앉아 있었어"라는 사실에 만족한다.

운동 실력을 키우기보다, "그래도 땀은 흘렸잖아"라는 것에 안도한다. 성적을 올리기보다, "나는 열심히 노력했으니까 괜찮아"라는 말로 스스로를 위로한다. 이렇게 되면, 꿈을 이루는 게 아니다.

노력보다 먼저 해야 할 것은 생각이다.

어디를 향해 가야 하는지, 무엇을 위해 노력해야 하는지 방향을 정하는 것이 먼저다. 생각 없는 노력은 모래 위에 집을 짓는 것과 같지만, 방향 있는 노력은 단단한 기초 위에 세운 집처럼 오래간다.

노력보다 먼저 해야 할 일은 생각을 정렬하는 것이다. 무작정 움직이기보다, 먼저 무엇을 원하는지를 적어보자. 그다음 오늘 반드시 할 행동을 현재형 문장으로 써본다.

"나는 오늘 영어 단어 3개를 외운다."

이 문장을 적은 후, 눈을 감고 그 장면을 상상해보자. 단어장을 펼치고, 뿌듯하게 단어를 외우는 자신의 표정까지 떠올려 본다. 그리고 그 문장을 소리 내어 읽는다.

"나는 지금 단어 3개를 외운다."

이 단순한 과정만으로도 뇌는 그것을 이미 일어난 행동으로 착각한다. 그 순간, 몸은 자연스럽게 움직이기 시작한다. 노력이 아니라, 생각이 먼저 작동할 때 루틴은 시작된다.

많은 아이들이 "열심히 해야지"라는 말에만 밀려 산다. 하지만 생각이 없는 노력은 방향을 잃은 배와 같다. 앞이 보이지 않는데도 노를 젓는다면, 결국 지치고 쓰러질 수

밖에 없다.

노력은 결코 나쁘지 않다. 그러나 '왜 하는가'가 빠진 노력은 헛고생이 된다. 먼저 "나는 왜 이 일을 하는가?"를 정리해야 한다. 그다음 흘리는 땀방울만이 성과로 이어지고, 그 성과가 아이의 자존감을 세운다.

### ※ 셀프 진단

"나는 생각을 정렬한 뒤 행동하고 있나?"

☐ 나는 '무엇을 위해 이 일을 하는가'를 스스로에게 물어본 적이 있다.

☐ 목표를 세우기 전에 먼저 내 마음의 방향을 정해본 적이 있다.

☐ 행동하기 전, 구체적인 장면을 떠올리며 상상해본 적이 있다.

☐ 해야지'보다 '한다'라고 현재형으로 말해본 적이 있다.

☐ 계획을 세울 때, 이유와 감정을 함께 적어본 적이 있다.

☑ 3개 이상이라면, 이미 너의 뇌는 '생각 루틴'을 작동시키고 있다.

생각이 정렬되면, 행동은 자연스럽게 따라온다.

**※ 교사·부모 활용 팁**

아이가 "하기 싫어요."라고 말할 때 "그럼 왜 하기 싫은지 생각해볼까?"라고 먼저 물어보자.

→ 감정의 방향이 정리되면, 행동의 이유가 생긴다.

숙제나 공부를 시킬 때 "무엇을 해야 하니?"보다 "왜 이걸 하려고 하니?"를 묻자.

→ 아이의 사고 회로가 단순한 수행에서 '목적 중심'으로 바뀐다.

오늘의 할 일을 적게 하기보다, "오늘 꼭 하고 싶은 이유 한 가지"를 함께 써보게 하라.

→ 뇌는 '이유 있는 행동'을 더 오래 기억한다.

생각은 루틴의 시동 버튼이다. 루틴은 노력의 결과가 아니라, 방향이 정해진 생각의 습관이다.

# 7

## 내가 원하는 것이 무엇인지 아는 법

사람은 누구나 "내가 진짜 원하는 게 뭘까?"라는 질문 앞에서 멈춘다. 하지만 이 질문은 평온할 때는 묻지 않는다. 이 질문이 올라오는 순간은 삶의 균형이 흔들릴 때다.

· 내가 스스로를 통제할 수 없다고 느낄 때,
· "왜 나는 남이 정해준 길만 걸어가고 있지?"라는 의문이 밀려올 때.
· 열심히는 살고 있지만 '이게 정말 나답지 않다'고 느낄 때.
· 남이 말하는 나와 내가 느끼는 나 사이의 거리가 너무 멀게 느껴질 때.
· 혹은 선택지가 너무 많아서, "이걸 해야 하나, 저걸 해야 하나" 머릿속이 복잡할 때.

이런 순간에 사람들은 비로소 자신에게 묻는다.

"나는 정말, 무엇을 원하지?"

또 하나는 인생의 변곡점마다 찾아온다. 중학교에서 고등학교로 올라갈 때, 졸업을 앞둔 시점, 방향이 바뀌는 그 순간마다, 마음은 스스로에게 '진짜 원하는 길'을 물어본다.

'니가 원하는게 뭐야?'라는 말이 어려운 이유는, 그 질문이 나에게서 시작되지 않았기 때문이다.

드림프린터는 질문을 새로 배워가는 시스템이다. '니가 원하는 게 뭐야?' 대신 '요즘 뭐가 재밌어?'라고 묻는다. 그 질문은 머리가 아니라 마음에서 답이 나오게 만든다. 우리가 진짜 원하는 것을 알기 위해서는 질문을 다시 배워야 한다.

질문을 바꾸면, 세상을 보는 관점이 달라진다. 좋은 질문이란 완벽한 질문이 아니다. 단지, 내가 진심으로 답할 수 있는 질문일 뿐이다.

"내가 좋아하는 건 뭐지?"

"어떤 순간에 시간이 빨리 갈까?"

"내가 싫어하는 건 왜 싫을까?"

이런 질문이 쌓이면, 그 안에서 나만의 길이 드러난다.

그리고 질문에는 반드시 '글쓰기'가 따라야 한다. 글을 쓰는 순간, 생각이 감정으로, 감정이 언어로 바뀐다. 글쓰기는 나의 무의식이 표면으로 떠오르는 과정이다. 쓰다 보면 스스로 놀라게 된다. '아, 이게 내가 진짜 원했던 거였구나.' 내가 원하는 것을 아는 법은 결국 두 가지다. 하나는 질문이고, 다른 하나는 글쓰기다.

질문이 나를 안으로 이끌고, 글쓰기가 그 안에서 길을 찾게 한다. 깊은 바다로 잠수하는 다이버처럼, 나의 무의식 속으로 내려가 답을 찾는 일. 그게 바로 내가 원하는 것을 알아가는 여정이다.

스티브 잡스, 송소희, 김연아. 그들은 자신이 원하는 걸 알았고, 그 방향으로 깊이 들어가 결국 자신만의 세계를 만들었다.

그들을 특별하게 만든 건 재능이 아니라 확신이었다. 확신은 타고나는 게 아니다. 수많은 질문과 선택의 반복 속에서 만들어진다. 그들은 처음부터 확신에 찬 사람이 아니었다. 의심하고, 흔들리고, 때로는 길을 잃기도 했다. 하지만 멈추지 않았다. 매번 스스로에게 "나는 진짜 무엇을 원하지?"라고 물으며, 그 질문에 답하려 애쓴 끝에 자신만의 길을 발견했다.

“두려워도 해도 괜찮다. 원하는 걸 모르면, 다시 질문하면 된다.”

길을 내고 달리다 보면, 방향은 달라질 수 있다. 그러나 멈추지 않는 한, 언젠가 그 길 위에서

“그래, 이게 내가 진짜 원했던 거야.”

라고 말하게 된다.

**※ 셀프 진단표**

“나는 내가 원하는 것을 알고 있는가?”

□ 나는 ‘남이 시켜서’가 아니라 ‘내가 좋아서’ 했던 일을 떠올릴 수 있다.

□ 나는 최근에 나를 설레게 한 순간이 언제였는지 알고 있다.

□ 나는 “이건 나답다”라고 느낀 경험이 있다.

□ 나는 내가 싫어하는 일을 떠올렸을 때, 왜 싫은지 설명할 수 있다.

□ 나는 나를 판단하기보다 관찰하려 노력한다.

☑ 3개 이상 ‘예’라면, 이미 당신은 자기 안의 나침반을 작동시키고 있다.

※ 교사·부모 활용 팁

1. 질문을 바꿔라.

"너는 뭐가 되고 싶어?" 대신

→ "요즘 뭐 할 때 재밌어?", "언제 시간이 빨리 가?"

이렇게 물으면 아이의 '마음 언어'가 열린다.

2. 결과보다 경험을 우선시하라.

검사 결과나 성적표보다

→ "그 경험을 할 때 어떤 기분이었어?"를 묻는 것이 핵심이다.

아이의 말에서 감정 단어가 나올 때, 그것이 '진짜 원하는 것'을 찾는 실마리다.

3. 글쓰기를 습관화하라.

→ "오늘 하루 중 가장 즐거웠던 순간은 뭐야?"

→ "그때 네 마음이 어땠어?"

이런 질문을 하루 1문장 글쓰기로 연결해보자. 글쓰기는 마음의 소리를 눈으로 확인하게 하는 거울이다.

4. 비교 대신 연결을 돕자.

→ "친구들은 이걸 좋아하더라"가 아니라

→ "네가 말한 그 부분, 너랑 정말 잘 어울린다."

이런 말이 아이에게 자기 확신을 심어준다.

"남이 던진 질문은 나를 설명하지만, 내가 던진 질문은 나를 발견하게 한다."

드림프린터는 바로 그 '나를 발견하는 질문'을 가르쳐주는 도구다. 아이 스스로 자신의 언어로 답할 때, 그 답이 곧 자기 확신의 첫 문장이 된다.

8

# 내 안의 방해꾼, 생각버그와 싸우는 법

"생각버그가 뭐예요?"

생각버그는 새로운 일을 하려 할 때 갑자기 올라오는 방해꾼 같은 목소리나.

"귀찮아, 내일 하지 뭐."

"나는 원래 꾸준히 못 해."

"너는 못 해, 해봤자 소용없어."

이런 말들이 바로 생각버그다. 겉으로는 내 마음 같지만 사실은 무의식이 보내는 자동 반응일 뿐이다.

사람은 하루에 약 5만 가지 생각을 한다. 그중 95%는 무의식에서 나오며, 그 95% 중 70% 이상이 부정적인 내용이다. 즉, 우리는 하루 종일 생각버그의 공격을 받고 있는 셈이다. 무의식은 늘 '안전'을 원한다. 새로운 시도나 변화가 나타나면, 뇌는 그것을 위험으로 해석하고 불안,

두려움, 귀찮음을 앞세워 기존 상태로 나를 되돌리려 한다.

그래서 중요한 건 버그를 없애려는 게 아니라 "이건 내 진짜 마음이 아니라 생각버그구나." 하고 인식하는 것이다. 인식의 순간, 무의식의 신호는 의식의 언어로 전환된다.

버그는 대개 행동 직전에 올라온다. 계획을 세울 때보다 실제로 움직이려는 찰나에 강해진다. 이유는 간단하다. 뇌는 에너지 절약 장치라서, 익숙하지 않은 행동이 시작되면 방해 신호를 올려 에너지 소모를 줄이려 하기 때문이다. 나 역시 책을 쓰는 동안 수없이 많은 버그와 싸웠다.

"에이, 너 같은 게 무슨 책을 써."

"공부 많이 한 사람은 세상에 널렸어."

"니가 할 수 있을까?"

"그냥 지금처럼 살아."

이런 문장들이 머릿속에서 끊임없이 재생됐다. 처음엔 그게 내 진심이라고 믿었다. 하지만 어느 순간 깨달았다.

"아, 이게 바로 생각버그구나. 내 진짜 마음이 아니었구나."

그때부터 나는 버그가 올라올 때마다 이렇게 말했다.

감정형 버그가 올라올때는 "불안하구나, 그래도 괜찮아. 위험하지 않아." 생각형버그가 올라올때는 "아니요, 거절합니다."라고 단호히 외쳤다.

이 단순한 세 단계가 '무의식의 신호'를 '의식의 명령'으로 바꾸는 핵심 루틴이다.

1.올라온다 →2.알아차린다 → 3.명령한다

버그는 두 가지 말투로 나타난다(세부 비교는 다음 페이지에서). 여기서는 핵심 대응 원칙만 기억하자.

· 감정형 버그: "귀찮아… 불안해… 하기 싫어…"처럼 느낌으로 덮어씌운다.

→ 원칙: 인정으로 완화 — "그래, 귀찮구나. 그럴 수 있어."(감정은 맞고 틀림이 없다. 지나가게 둔다.)

· 생각형 버그:"넌 안돼","너무 늦었어", "완벽하지 않으면 의미 없어"처럼 단정·예단으로 막는다.

→ 원칙: 거절로 차단 — "아니요. 근거 없어요. 거절합니다."(문장으로 뚝 떨어지게 차단한다.)

핵심은 감정은 '통과'시키고, 생각은 '중단'시키면 된다. 감정은 설득하려 들면 더 커지고, 생각은 설득 없이 거절하면 행동이 멈춘다.

버그는 피해야 할 적이 아니라, 알아차려야 할 신호다. 그 신호를 눈에 보이게 기록하고 언어로 표현하는 순간, 막연했던 불안은 구체적인 대상이 된다. 그때부터 우리는 그 생각에 휘둘리지 않고 선택할 수 있는 힘을 얻게 된다.

**※ 셀프 진단**

"나는 내 안의 버그를 구분하고 있나?"

□ 새로운 일을 하려 할 때 '귀찮아', '불안해' 같은 말이 떠오른다.

□ '나는 안 돼', '지금은 때가 아니야' 같은 생각이 자주 반복된다.

□ 그런 생각이 올라올 때, "이건 버그야."라고 알아차린 적이 있다.

□ 감정이 올라올 때 '괜찮아'라고 말해본 적이 있다.

□ 부정적인 생각이 올라올 때 '아니요, 거절합니다.'라고 말해본 적이 있다.

☑ 3개 이상이면, 이미 너는 버그를 '적'이 아니라 '신호'로 보고 있다.

이제 버그를 없애려 하지 말고, 구분하고 대응하는 연습을 하자.

**※ 교사·부모 활용 팁**

아이가 “하기 싫어요.”, “나 못 해요.”라고 말할 때, “왜 그렇게 생각했을까?” 대신, 이렇게 물어보자.

“그건 진짜 마음일까, 아니면 버그의 목소리일까?”

→ 아이가 스스로 사고를 분리할 수 있게 돕는다.

감정이 올라왔을 땐 “괜찮아, 느껴도 돼.”

생각이 올라왔을 땐 “그 말은 버그일지도 몰라.”

아이와 함께 ‘버그 일기’를 만들어, 하루에 한 번 ‘오늘 올라온 버그 한 줄’을 적게 하자. 이 기록이 쌓이면, 아이는 자신의 무의식 패턴을 보게 되고 “버그를 인식하는 힘”이 자기조절력으로 바뀐다.

## 드림프린터 버그사전 top 20

### ※ 감정형 버그 (Emotion Bugs)

감정이 먼저 출렁일 때 나타나는 버그.그냥인정해주면 된다 "그렇구나 귀찮구나 그럴 수 있어"

| 번호 | 버그 이름 | 대표 말 | 드리몬 해석 |
|---|---|---|---|
| 1 | 귀찮아 | "아, 귀찮아." | 시작 전 불안이 피곤으로 위장한 상태 |
| 2 | 하기 싫어 | "오늘은 진짜 하기싫어." | 감정 에너지가 방전된 신호 |
| 3 | 짜증나 | "왜 이렇게 안 돼?" | 통제감이 떨어질 때 나타남 |
| 4 | 무기력해 | "뭘 해도 소용없어." | 기대가 사라진 상태 |
| 5 | 불안해 | "이거 틀리면 어떡하지?" | 예측 불가능함에 대한 두려움 |
| 6 | 외로워 | "나 혼자 못해." | 인정 욕구가 채워지지 않은 상태 |
| 7 | 속상해 | "또 실수했어." | 자존감이 낮아질 때 등장 |
| 8 | 두려워 | "시도했다가 망할까봐." | 실패 상상이 행동을 막음 |
| 9 | 공허해 | "이게 다 무슨 의미야." | 목표와 감정 연결이 끊어짐 |
| 10 | 지루해 | "맨날 똑같아." | 새 자극이 필요한 상태 |

## ※ 생각형 버그 (Thinking Bugs)

머릿속 말이 꼬일 때 나타나는 버그.단호하게 거절한다"아니요 거절합니다"

| 번호 | 버그 이름 | 대표 말 | 드리몬 해석 |
|---|---|---|---|
| 11 | 나중에 해야지 | "지금은 아니야." | 회피성 계획 - 시간이 해결할꺼라는 착각 |
| 12 | 완벽해야 해 | "조금 더 준비해야 해." | 기준이 과도해 시작 불가 |
| 13 | 모르겠어 | "어떻게 해야 할지 모르겠어." | 정보 과부하 - 선택 회피 |
| 14 | 나만 늦었어 | "이미 늦었어." | 비교 사고 - 타인 속도 기준으로 자신평가 |
| 15 | 의미 없어 | "이게 무슨 의미가 있지?" | 결과 중심 사고 |
| 16 | 다 귀찮아 | "생각만 해도 피곤해." | 생각 과열로 감정 피로 |
| 17 | 실수하면 끝이야 | "틀리면 망해." | 0점 사고(극단적 평가) |
| 18 | 나 같은 애가 뭘 해 | "난 재능이 없어." | 자기불신 고착화 |
| 19 | 엄마(타인) 때문이야 | "내 탓 아니야." | 책임 전가로 학습 중단 |
| 20 | 시간이 없어 | "지금 너무 바빠." | 우선순위 혼란 |

"감정형 버그는 마음이 앞서고, 생각형 버그는 머리가 앞선다. 감정형엔'숨 고르기', 생각형엔 '문장 정리'가 약이다.

# 9

## who am i ? am i happy?

정체성이란 뭘까. 한 문장으로 말하면,

"나는 누구다"라는 답이다.

"나는 공부하는 사람이다."

"나는 글을 쓰는 사람이다."

이런 문장이 정체성이다. 정체성이 없으면 남이 시키는 대로 산다.

"공부해라."

"열심히 해라."

"남들도 하니까 너도 해라."

남의 말이 내 기준이 된다. 이렇게 살면 쉽게 흔들린다. 칭찬받으면 좋아서 뛰고, 욕먹으면 주저앉는다. 환경이 바뀌면 나도 같이 바뀐다. "나는 누구인가"라는 질문에 답을 못 한다.

정체성이 있으면 다르다.

"나는 드림프린터로 꿈을 출력하는 사람이다."

"나는 실행하는 사람이다."

이런 정체성이 있으면 행동이 자연스럽다. 실패해도 금방 다시 일어난다. 남과 비교하지 않고 자기 길을 간다. 정체성이 방향을 잡아주기 때문이다. 정체성이 있으면 강력한데 여기에 감정이 붙을 때 훨씬 강력해진다.

"나는 공부하는 사람이다." → 피곤하면 무너진다.

"나는 공부할 때 성취감을 느끼는 사람이다." →감정이 연결되면 오래간다.

그런데 더욱 더 강력한것은 정체성은 감정과 연결될 때이다. 하버드 의대 연구에 따르면, 감정이 실린 경험은 뇌의 편도체가 강하게 반응해 오래 기억된다. 또 fMRI 연구에서는 '나는 누구다'를 떠올릴 때 감정을 다루는 뇌 영역이 같이 활성화된다고 한다. 즉, 뇌는 정체성을 원래 감정과 묶어서 저장한다. 그래서 "나는 공부하는 사람이다"보다 "나는 공부할 때 성취감을 느끼는 사람이다"가 훨씬 오래 간다. 감정이 붙은 정체성이 반복될 때, 도파민이 나오고 행동이 즐겁게 이어진다. 정체성이 점점 뿌리내린다.

청소년기는 뇌가 빠르게 자라는 시기다. 특히 "나는 누구인가?"라는 질문이 본능처럼 올라온다.

이때 정체성을 세우면 평생 간다. 중년이 되어 힘들 때도, 청소년기에 세운 정체성이 기준이 된다.

정체성은 "나는 누구인가"라는 질문에 답하는 것이다.

하지만 거기서 끝나면 반쪽짜리다.

왜냐하면 사람은 "나는 누구인가"만으로는 살 수 없고, 반드시 "나는 행복한가"라는 질문에 부딪히기 때문이다.

정체성이 없으면 행복도 남의 기준에 매달린다.

성적이 오르면 행복하고, 떨어지면 불행하다.

사람들이 칭찬하면 기쁘고, 무시하면 주저앉는다.

행복이 외부에 묶여 있으면 늘 흔들린다.

반대로 정체성이 있으면 행복도 달라진다.

"나는 공부하는 사람이다."라는 정체성은 성적표 앞에서 무너질 수 있다.

하지만 "나는 공부할 때 성취감을 느끼는 사람이다."라는 정체성은 달라진다.

성적이 오르든 내리든, 배우는 순간마다 행복이 따라오기 때문이다.

행복은 결과가 아니라 과정 속에서 태어난다.

정체성에 감정을 붙일 때, 나는 지금 여기서도 행복할 수 있다.

그래서 결국 "나는 누구인가?"라는 질문은 곧 "나는 행복한가?"라는 질문으로 이어진다.

그리고 그 답은 언제나 같다.

"나는 나답게 살아갈 때, 이미 행복하다."

정체성이 있는 사람은 다르다. 마틴 루터 킹은 "나는 자유를 외치는 목사다"라는 정체성이 있었다.

넬슨 만델라는 "나는 인권을 지키는 사람이다"라는 정체성이 있었다. 스티브 잡스는 "나는 세상에 혁신을 출력하는 창조자다"라는 정체성이 있었다. 이들은 흔들리지 않았다. 죽음의 위협, 감옥, 실패가 와도 버텼다. 정체성이 있었기에 버틴다. 정체성이 있었기에 끝까지 나아간다.

청소년기에 정체성을 세운 사람은, 뇌가 이미 그 길을 한번 만들어봤다. 그래서 중년이 되어도 흔들리지 않는다.

**※ 셀프진단표 - 나의 정체성 점검하기**

□나는 "나는 누구인가?"를 최근 한 달 안에 스스로 물어본 적이 있다.

□나는 내 행동에 감정을 연결해 본 적이 있다.

□나는 결과보다 과정 속에서 행복을 느껴본 적이 있다.

□나는 내 정체성을 한 문장으로 표현할 수 있다.
□나는 그 정체성을 루틴으로 실천하고 있다.
☑4개 이상'예'라면, 당신은 이미 자기 길을 걷고 있다.

**※교사·부모 활용 팁**

아이에게 "넌 뭐가 되고 싶어?" 대신 "넌 언제 행복하니?"라고 물어보자.

→ 감정 중심의 질문이 정체성을 깨운다.

아이가 "몰라요."라고 답하면 "그럼 즐거웠던 순간 하나만 말해줘."라고 이끌자.

→ 감정에서 행동이, 행동에서 정체성이 나온다.

정체성 문장을 아이의 방, 공책, 드림프린터 노트 첫 장에 붙여두면 뇌가 매일 그 문장을 읽고'자기 프로그래밍'을 시작한다. 정체성은 찾는 것이 아니라, 살아내는 것이다.

"나는 공부할 때 성취감을 느끼는 사람이다."

이 문장을 매일 떠올릴 때, 나는 이미 행복을 실행하고 있는 사람이 된다.

"나는 나답게 살아갈 때, 이미 행복하다.

10

# 작심삼일을 막는 드림프린터 시스템

루틴을 끝까지 지킨다는 건 사실 아주 특별한 일이다. Scientific American에 따르면 2023년 목표를 세운 사람 중 고작 9%만이 끝까지 유지했다고 한다. 즉 100명중 9명만 끝까지 이어가는 셈이다. 나머지 91명은 도중에 멈추거나 포기했다는 뜻으로 루틴을 지킨다는것은 아주 특별한 일이다. 또한 YouGov조사에 따르면 새해 결심을 세운 사람 중 즉, 절반 가까운 사람들이 3개월 안에 루틴을 놓쳐버리는 것이다.

이건 실패라기보다 당연한 현상이다. 왜냐하면 루틴은 원래 지키기 어렵기 때문이다. 사람들은 흔히 "나는 의지가 약해서 루틴을 못 지켜"라고 자책한다. 하지만 뇌과학은 다르게 말한다. 루틴을 못 지키는 건 의지가 약해서가 아니라 시스템으로 고정하지 않았기 때문이다.

처음에는 의지로 한다.

"오늘은 운동해야지."

"오늘은 단어를 외워야지."

하지만 며칠 지나면 귀찮음·피곤함 같은 생각버그가 올라온다. 그때 버틸 시스템이 없으면 루틴은 쉽게 무너진다. 그래서 우리는 작심삼일을 자주 경험한다. 이건 나만 그런 게 아니라 대부분 그렇다.

루틴을 지키는 데 실패하는 건 인간의 기본 패턴이다. 그럼에도 불구하고 루틴을 끝까지 이어가는 사람이 있다.

매일 같은 시간에 운동하는 사람.

꾸준히 글을 쓰는 사람.

약속한 공부 시간을 지켜내는 사람.

우리는 이런 사람을 보면 존경심이 생긴다.

"대단하다." "어떻게 저럴 수 있지?"

그 이유는 단순히 의지가 강해서가 아니다. 그들은 하루의 작은 루틴을 시스템으로 고정해낸 사람들이다. 뇌는 반복된 행동을 '길'처럼 기억한다. 새로운 길을 낼 때는 힘들지만, 한번 길이 나면 쉽게 걸어간다. 루틴을 오래 지킨 사람은 바로 이 뇌의 길을 만들어 낸 사람이다. 그래서 우리는 본능적으로 그들을 존경한다.

루틴은 결심이 아니라 시스템이다. 시각화 → 명령 → 체크의 구조로 고정시키면, 누구나 따라갈 수 있는 재현 가능한 루틴이 된다. 예를 들어, '매일 아침 책 10분 읽기'는 혼자 할 때는 쉽게 무너진다.

하지만 드림프린터 안에서는 이 루틴이 시각화 → 명령 → 체크의 시스템 안에서 돌아간다. 이렇게 되면 루틴은 의지로 밀어붙이는 행동이 아니라, 시스템이 밀어주는 행동으로 바뀐다. 결국 루틴이 시스템이 될 때, 아이의 행동은 '해야 한다'가 아니라 '나는 이런 사람이다'라는 정체성 루틴으로 전환된다.

**※ 드림프린터 3단계 루틴 구조**

1.천억 루틴

지금 당장 할 수 있는 가장 작은 행동을 정하는 루틴

예: 단어 3개 외우기 / 노트에 한 줄 쓰기

2.버그잡기 루틴

지금 당장 하지 않아야 할 행동을 멈추는 루틴

예: 오전엔 폰 금지 / 공부 중 알람 끄기

3.명예의 전당 루틴

21일 동안 성공한 루틴을 기록하는 루틴

작은 성공이 쌓일수록 뇌 속 루트가 강화되고 정체성이'나는 꾸준한 사람'으로 자리 잡는다. 이 세 가지 루틴은 톱니바퀴처럼 맞물려 돌아간다. 천억 루틴으로 시작하고, 버그잡기 루틴으로 방해를 제거하며, 명예의 전당 루틴으로 성취를 축적한다

**※ 셀프 진단표**

"나는 루틴을 시스템으로 만들고 있는가?"

☐ 나는 루틴을 '의지'로 버티지 않고, 자연스럽게 이어가고 있다.

☐ 내가 하는 루틴은 남이 시켜서가 아니라, 내가 스스로 정해서 하고 있다.

☐ 오늘의 루틴은 작고 쉬워서 부담 없이 실행할 수 있다.

☐ 나는 루틴을 방해하는 생각버그를 기록해본 적이 있다.

☐ 나는 성공한 루틴을 기록하고, 스스로를 칭찬하고 있다.

☑ 3개 이상이라면, 이미'시스템 루틴'이 작동 중이다.

**※ 교사·부모 활용 팁**

아이가 "오늘은 하기 싫어요."라고 말할 때, → "그건 네 버그가 올라왔구나."라고 이름을 붙여주자. 아이의'의지'를 칭찬하기보다, '시스템을 지켜낸 행동'을 구체적으로 칭찬하라.

21일 루틴 달력을 활용해, 아이 스스로 체크하게 하자. 뇌는 체크 표시를 할 때마다 '성취감 도파민'을 분비한다. 루틴은 하루의 행동을 바꾸고, 시스템은 그 행동을 삶으로 만든다.

# 11

## 진짜 나를 아는 방법

학교에서는 진로검사를 자주 한다. 검사지를 풀고 나면 결과가 표나 그래프로 정리되어 나온다. 아이들은 그것을 받아들고 순간 흥미를 보인다.

"나는 사회형이래."

"나는 탐구형이라네."

"나는 혼자 있을 때 집중력이 높다나 봐."

마치 자기 자신을 누군가 대신 설명해주는 것 같아 신기하다. 하지만 그 신기함은 오래가지 않는다. 결과지는 며칠 뒤 서랍이나 가방 속에 파묻히고, 아이의 삶에는 별다른 변화가 일어나지 않는다.

그 이유는 결과지가 '남의 언어'이기 때문이다. 아이의 마음 깊은 곳에서 흘러나온'자기 언어'가 아니기에, 기억되지도 않고 행동으로 이어지지도 않는다. 예를 들어, 검사에서 '사회형'으로 분류되었다고 하자. 하지만 '사회형'이라는 단어는 너무 추상적이다. '나는 사람들과 있을 때 힘이 난다'처럼 구체적 경험에서 나온 언어와는 다르다. 그래서 가슴에 박히지 않고, 실천의 동력이 되지 못한다.

지훈(중1)은 진로검사 결과 '혼자 공부할 때 효율이 높은 스타일'이라고 나왔다. 그래서 그는 자신을 '혼자 공부해야 잘하는 아이'라고 생각했다. 하지만 드림프린터로 스스로 문장을 출력하자 이렇게 적었다.

"나는 혼자 문제를 풀 때도 좋지만, 친구랑 토론하면서 공부할 때 훨씬 잘 외워진다."

검사만 보면 '혼자형'이지만, 자기 경험을 출력하자 '협력형 학습자'라는 본모습이 드러났다. 결과와 출력이 만나자, 훨씬 풍부하고 현실적인 자기이해가 가능해졌다.

또 다른 아이 소연(중2)은 검사에서 '예술형'으로 나왔다. 하지만 "그림을 잘 못 그리니까 나는 예술형이 아니야."라며 고개를 저었다. 그러다 드림프린터 질문에 이렇게 적었다.

"나는 친구 생일 카드 꾸며줄 때 즐거워."

"음악을 틀어놓고 춤출 때 시간이 금방 가."

그 기록이 쌓이자, 소연은 '나는 창의적으로 표현하는

걸 좋아하는 사람이야.'라는 자기 언어를 발견했다. '예술형'이라는 추상적 단어보다 훨씬 구체적이고, 실행으로 연결될 수 있는 정체성이다.

검사 결과지만 보여주는 것으로는 부족하다. 중요한 건 아이의 자기 언어를 먼저 출력하는 것이다.

· "내가 잘했던 순간은 언제였을까?"
· "내가 몰입했던 경험은 뭐였을까?"
· "내가 행복했던 시간은 언제였을까?"

이 질문들이 선행될 때, 검사 결과는 보조 자료로서 진짜 힘을 발휘한다. 반대로 자기 언어가 전혀 없는 상태라면, 아이는 검사지를 그냥 '딱지'처럼 소비해버린다. 심리학에서는 이것을 자기참조효과(Self-Reference Effect)라 부른다. 뇌는 남이 한 말보다 자신이 직접 한 말을 훨씬 깊이 저장한다.

즉, "너는 탐구형이야."보다 "나는 친구와 토론할 때 집중이 잘 돼."라는 문장이 뇌에 훨씬 강하게 각인된다. 진로검사는 필요하다. 하지만 그 전에 반드시 해야 할 것이 있다. 드림프린터로 나를 출력하는 것. 내 마음에서 나온 문장이 준비될 때, 검사 결과는 단순한 분류표가 아니라 살아 있는 안내서가 된다. 검사와 출력이 만나는 순간, 진짜 진로가 보인다.

### ※ 셀프 진단표

"나는 나를 출력했는가?"

☐ 나는 진로검사 결과보다 내 경험을 먼저 떠올릴 수 있다.

☐ 나는 누가 정해준 말이 아니라 나의 언어로 나를 표현해본 적이 있다.

☐ 나는 예전에 좋아했던 순간을 구체적으로 기억할 수 있다.

☐ 나는 검사 결과를 내 경험과 연결해본 적이 있다.

☐ 나는 내 경험 문장을 반복하며 자신감을 느낀다.

☑ 3개 이상 '예'라면, 이미 자기 이해의 첫 출력이 이루어지고 있다.

### ※ 교사·부모 활용 팁

진로검사 후 "결과 어땠어?" 대신,

→ "그 결과 중 어떤 부분이 네 경험이랑 닮았어?"라고 물어보자.

대화의 방향이 '비교'가 아니라 '연결'로 바뀐다.

검사 결과보다 경험 언어를 먼저 기록하게 유도하라.
→ "결과는 나중에 붙여보자."라고 말해보자.

아이가 만든 자기 언어 문장을 교실 게시판이나 노트 표지에 붙이게 하라.
→ 매일 자기 언어를 읽는 것이 자기효능감을 강화한다.

"진로검사는 나를 분류하지만, 드림프린터는 나를 발견하게 한다."

검사 결과는 지도를 준다. 하지만 내 언어로 출력한 문장은 나의 방향을 정한다.

12

# 비전보드vs드림프린터 실행력의 차이

우리는 오랫동안 "비전보드(Vision Board)"라는 방법을 사용해왔다. 내가 원하는 것들 , 멋진 집·자동차·여행지·성공한 사람들의 이미지를 모아 큰 판에 붙여놓는다. 그리고 매일 바라보며 "언젠가 이렇게 될 거야"라고 다짐한다.

이 방식은 분명 효과가 있다. 왜냐하면 이미 여러 경험을 쌓아온 성인들은 그 사진 속에서 자기 삶을 투영할 수 있기 때문이다.

"나는 저런 집에 살고 싶다."

"나는 저런 직업을 가지고 싶다"는 구체적인 그림을 만들어, 장기적인 비전을 마음속에 심어준다.

그런데 청소년에게 비전보드를 그대로 적용하면 어떨까? 겉으로는 멋져 보일 수 있다. 하지만 실제로는 오래 가지 못한다. 아이들은 아직 삶의 경험이 많지 않다. 광고 속 모델이나 해외여행 사진은 멋지긴 하지만, 자기 경험과 연결되지 않는다. 결국 붙여놓고 잠깐은 재미있다가, 시간이 지나면 관심을 잃는다.

그렇다고 해서 아이들에게 꿈이 없는 건 아니다. 단지 아직 구체적인 언어와 경험으로 정리되지 않았을 뿐이다. 아이들의 강점은 "몰라요"라고 대답해도, 속마음에는 이미 작은 흥미와 호기심이 꿈틀거린다. 예를 들어, 그림을 그릴 때 즐겁다든지, 친구를 웃길 때 행복하다든지 하는 순간이다.

드림프린터는 바로 이 무의식적인 흥미를 끄집어낸다.

생각 속에 잠든 '좋아함'을 꺼내, 현실의 행동으로 연결시킨다.

"나는 그림을 그릴 때 기분이 좋다."

"나는 발표할 때 심장이 뛰지만, 끝나면 뿌듯하다."

이런 출력된 문장은 단순한 낙서가 아니다. 그 자리에서 바로 작고 실행 가능한 행동으로 이어진다.

"오늘 그림 한 장 더 그리기."

"내일 수업에서 손 한 번 들어보기."

작은 행동이지만, 반복되면 뇌는 이렇게 인식한다.

"나는 그림 그리는 사람이다."

"나는 발표하는 사람이다."

생각이 행동으로, 행동이 정체성으로 바뀌는 순간, 그것이 바로 드림프린터가 가진 힘이다.

※ 비전보드와 드림프린터의 차이

| 구분 | 비전보드 (Vision Board) | 드림프린터 (Dream Printer) |
|---|---|---|
| 대상 | 주로 성인 | 청소년 중심 |
| 꿈 발견 방식 | 삶의 경험에서 탐색 | 무의식·흥미에서 발견 |
| 질문 접근 | 깊고 구체적인 질문 | 가볍고 직관적인 질문 |
| 필요 시간 | 길다 | 짧다 |
| 결과물 | 장기 비전 중심 이미지 | 당장 실행 가능한 시각 자료 |
| 지속성 | 의도적 관리 필요 | 루틴화로 유지 |

비전보드는 멋진 그림이 남지만, 사실 대부분은 그림을 그려놓고 시각화하고 있으니 언젠간 되겠지라며 미래형

으로 그려진다. 그래서 보는 순간에는 동기부여가 생기지만 구체적인 실행이 없다.

언젠가라는 말속에는 날짜도 없고 오늘 내가 할일도 없다. 비전을 그렸지만 멀리있는것처럼 느껴지는 이유가 바로 여기에 있다. 눈으로 볼수는 있지만 손으로 잡히지 않는다.

반면 드림프린터는 내 언어다. 언제가가 아니라 지금 당장을 출력한다. 내가 쓴 문장 밑에는 바로 실행 가능한 루틴이 따라온다.

예를 들면

비전보드: 나는 유명한 작가이다.

드림프린터: 나는 오늘 노트에 한줄을 쓴다.

비전보드가 멀리있는 그림이라면 드림프린터는 바로 지금 시작할수 있는 버튼이다. 그래서 꿈이 머물러 있지 않고 실행으로 이어진다. 심리학 연구에 따르면, 자기 언어로 표현된 경험은 단순히 주어진 정보보다 훨씬 오래 기억되고 행동을 유도한다. (LeDoux, 2000; Bandura, 1997).

즉, 드림프린터는 단순한 그림판이 아니라, 무의식을

끌어내어 행동으로 연결하는 실행 장치다. 비전보드는 어른들에게 맞다. 그들은 이미 많은 경험을 바탕으로 큰 그림을 그리고 싶어 한다. 하지만 청소년에게는 드림프린터가 필요하다. 아이들은 무의식과 직관 속에 이미 꿈의 단서를 가지고 있다. 그 단서를 출력해 작은 루틴으로 이어갈 때, 진짜 자기 진로와 적성을 찾을 수 있다.

## 드림프린터 출력만으로 달라진 아이들

이번 장의 후기는 드림프린터를 '출력'만 해본 아이들의 이야기다. 아직 루틴은 시작하지 않았지만, 단지 꿈을 눈앞에 '보이게' 했을 뿐인데 아이들의 마음은 이미 달라지고 있었다. 그림이 말이 되고, 말이 의지가 되는 순간이었다.

· 하민(초6)

드림프린터로 내 꿈을 시각화할 수 있어서 정말 신기했다. 내 마음속에만 있던 꿈이 사진으로 눈앞에 보이니까 마치 현실이 된 것 같았다. 그 그림을 책상 앞에 붙여두니 매일 볼 때마다 '나는 이 꿈을 꼭 이룰 거야'라는 의지가 자꾸 생긴다.

· 다은(중3)

드림프린터를 하니 내 꿈이 나에게 한 발짝 더 다가온 느낌이었다. 발표하는 걸 좋아해서 그런지 활동 자체가 즐거웠고, 막연하던 생각이 명확해졌다. 종이 위에 그려진 내 꿈이 실제 사진처럼 보이니까 이제는 "나중에"가 아니라 "지금부터"라는 마음이 생겼다.

· 수아(중3)

드림프린터를 하면서 두리뭉실했던 꿈이 확실해졌다. 내가 어떤 일을 좋아하고, 어떤 사람이 되고 싶은지 내 눈으로 보게 되니 방향이 분명해졌다. 이제는 그 그림을 볼 때마다 하루를 다르게 살고 싶다.

· 연우(중2)

드림프린터를 통해 내 꿈이 구체적으로 보였다. 그냥 '이루고 싶다'가 아니라 '이렇게 하면 될 수 있겠다'는 확신이 생겼다. 그림을 볼 때마다 스스로에게 명령하게 된다.

"나는 나에게 명령한다. 내 꿈을 출력하라."

· 민호(중3)

내 꿈이 더 선명해졌고 세상을 보는 눈이 커진 것 같다. 상상으로만 그리던 장면을 실제 사진처럼 만들 수 있다니 놀라웠다. 내 꿈이 종이 속에 갇힌 게 아니라, 지금 내 앞에 서 있는 느낌이었다. 매일 그 사진을 볼 때마다 내 마음도 함께 자란다.

## 생각의 출력은 행동으로 완성된다

우리는 2부에서 '생각'과 '상상'을 배웠다. 진짜 나를 알고, 내 언어로 꿈을 적는 법을 익혔다. 이제 머릿속의 드림프린터는 준비되었다. 하지만 아직 '인쇄 버튼'은 눌러지지 않았다. 많은 사람이 바로 이 지점에서 멈춘다.

생각은 충분한데, 행동으로 넘어가지 못한다. "이제 해야지." 하면서도 몸이 움직이지 않는다. 그 이유는 간단하다. 생각의 잉크만 채웠고, 루틴의 전원을 켜지 않았기 때문이다. 상상은 뇌를 켜고, 명령은 방향을 잡았고, 이제 루틴은 그 에너지를 현실로 전송하는 회로다. 꿈은 결심이 아니라, 반복된 행동의 기록으로 완성된다.

한 번의 결심은 불꽃이고, 루틴은 그 불꽃을 불씨로 바꾸는 기술이다. 이제 3부에서는 그 불씨를 다룬다. 루틴은 단순한 '해야 하는 일'이 아니다. 그건 뇌를 설계하는 방식이다.

우리가 매일 반복하는 작은 행동 하나하나가 정체성을 바꾸고, 미래의 시스템을 만든다. 이제는 머릿속이 아니라 손끝으로 꿈을 출력할 시간이다. 드림프린터의 다음 단계는 바로 루틴이다. 루틴은 뇌에 새겨지는 세 줄의 명령이다.

"생각한다 → 행동한다 → 반복한다."

그리고 그 반복은, 결국 '나'를 완성한다. 이제 3부로 가자. 꿈을 '보는' 단계에서, 꿈을 '사는' 단계로.

# 제3부 : 드림프린터 실습노트

# 1단계

## 9칸-경험에서 꿈을 꺼내다

명령 선언문

나는 나에게 명령한다.내 안에 숨어 있는 가능성을 꺼내기 위해 지금 9칸을 채운다."

왜 9칸인가? 아이들에게 "너는 뭘 좋아하니?"라고 물으면, 대부분 대답하지 못한다. 하지만 사실 아이들 마음속에는 이미 좋아했던 것, 잘했던 것, 해보고 싶은 것이 숨어 있다. 그걸 끌어내기 위해 만든 것이 바로 9칸이다. 비워진 칸은 네 안의 생각으로 채워지는 자리다. 네가 가지고 싶거나, 되고 싶거나, 해보고 싶은 것으로 채워보자.

9칸은 단순한 표가 아니다. 나를 바라보는 새로운 창문이다. 한 칸 한 칸 채워 가다 보면, 내가 몰랐던 내 모습이 드러나고, 그 안에서 꿈의 씨앗이 보인다.

**※ 사용 방법**

1. 위 칸에는 실제로 잘했던 순간이나 기분 좋았던 경험을 적어보자.
2. 아래 칸에는 그 경험에서 발견한 '되고 싶은 나'를 적는다.
3. 단어만 적어도 괜찮다. 나중에 문장으로 바꾸면 된다.
4. 9칸은 시험지가 아니라, 네 안에 숨어 있는 씨앗을 꺼내는 도구다.

예시) 9칸

| 친구관계 | 가족관계 | 진학/진로 |
|---|---|---|
| 잘했던 순간/경험<br>친구랑 비밀얘기 했을때 | 잘했던 순간/경험<br>설겆이 도와준일 | 잘했던 순간/경험<br>부사관 경험했을때 기분좋음 |
| 되고싶은 사람 /미래<br>친구들에게 믿음을 주는사람되기 | 되고싶은 사람 /미래<br>가족에서 믿음직스런 사람되기 | 되고싶은 사람 /미래<br>멋진 부사관되기 |
| **공부** | **내가 가지고 싶은 것** | **성격** |
| 잘했던 순간/경험<br>영어성적이 80점으로 올랐다 | 좋은 기타 갖고 싶다<br>동남아 여행가고 싶다등 | 잘했던 순간/경험<br>게임에서 져도 다시 도전해서 이겼다 |
| 되고싶은 사람 /미래<br>영어로 자유롭게 대화하는 사람되기 | | 되고싶은 사람 /미래<br>쉽게 포기하지 않고 끝까지 해내는 사람되기 |
| **취미/특기/게임** | **운동/건강** | **외모/자기관리** |
| 잘했던 순간/경험<br>내가 그린그림을 보고친구가 칭찬해줬을때 | 잘했던 순간/경험<br>체육시간에 농구 1골 넣음 | 잘했던 순간/경험<br>아침저녁 성의있는 세수로 피부가 깨끗해짐 |
| 되고싶은 사람 /미래<br>그림으로 표현을 잘 하는 사람되기 | 되고싶은 사람 /미래<br>모든 운동을 잘 하는 사람되기 | 되고싶은 사람 /미래<br>몸과 마음을 꾸준히 관리하는 사람되기 |

※자주 하는 질문 Q&A

1. “꼭 다 채워야 해요?”

→ 아니야, 다 채우지 않아도 괜찮아. 한 칸이라도 네가 진짜 하고 싶은 걸 적으면 충분해.

2. “단어만 적어도 돼요, 아니면 문장으로 써야 해요?”

→ 처음에는 단어만 적어도 돼. 나중에 문장으로 바꾸는 연습을 할 거야.

3. “생각이 안 나요. 뭘 적어야 할지 모르겠어요.”

→ 최근에 했던 일 중에서 기분 좋았던 순간을 떠올려봐. 그게 단서가 돼.

4. “틀린 답이 있나요?”

→ 없어. 네가 적는 건 모두 네 안에 있는 씨앗이라서 정답/오답은 없어.

5. “이건 너무 사소한 건데 적어도 돼요?”

→ 당연하지. 사소해 보이는 것 속에서 네 꿈의 씨앗이 시작될 수 있어.

6. “하고 싶은 게 너무 많아요. 다 적어도 돼요?”

→ 다 적어도 좋아. 많이 적을수록 네 안에 있는 가능성이 더 잘 보여.

7. “잘했던 것 말고 못했던 건 쓰면 안 돼요?”

→ 못했던 것, 실패했던 것은 여기에 적지 않아도 괜찮다. 왜냐하면 우리는 지금 '강점의 씨앗'을 찾는 중이기 때문이다.

8. "친구들이랑 비슷한 걸 써도 돼요?"

→ 괜찮아. 다만 네 경험을 기준으로 네 방식대로 적는 게 중요해.

9. "앞으로 하고 싶은 게 없어요."

→ 괜찮아. 대신 그 속에서 네가 좋아하는 것, 잘하는 것을 찾을 수 있고, 그게 나중에 네가 하고 싶은 걸로 이어질 수 있어."

10. "이거 적으면 제 꿈이 되는 거예요?"

→ 아직 꿈이라고 단정할 필요는 없어. 네가 좋아하는 것들을 꺼내보는 과정이야. 그 안에서 네 꿈이 자라날 거야.

이제 경험 속에서 씨앗을 꺼냈다 다음 단계는 이 씨앗을 이어붙여 ,정체성을 찾아보자.

# 2단계

## 정체성찾기 -나는 어떤사람인가?

명령 선언문

나는 나에게 명령한다.
나의 정체성을 찾아라

정체성이 왜 중요한가?

1단계에서 "되고 싶은 나"를 적었다면, 이제 그 모습에 정체성을 더하면 된다. 정체성이란 단순히 "나는 학생이다"처럼 결과를 말하는 것이 아니다. 정체성은 '내가 어떤 상황에서 어떤 마음을 가지는 사람인가' 를 보여주는 문장이다. 즉, 정체성은 내가 어떤 존재인지를 정의하는 것이다. 중요한 것은 그 문장이 단순한 설명이 아니라, '나

자신을 향한 선언'이 되어야 한다는 점이다.

정체성을 적을 때는 단순히 '나는 ○○하는 사람이다' 라고 끝내지 말고, 그 안에 감정을 붙여야 한다. 왜냐하면 뇌는 감정이 붙은 말을 더 오래 기억하고, 더 강하게 각인하기 때문이다.

쓰는 방법은 아주 간단하다.
'어떤 느낌의' 부분은 아래 단어 중에서 골라 써도 좋다.
따뜻하다 / 자신 있다 / 즐겁다 / 차분하다 / 뿌듯하다

**※ 사용방법**

1. 1단계에서 아래칸의 '되고 싶은 나'를 가져온다.
2. 그 사람이 되었을 때의 느낌을 붙인다.
느낌 예시 : 기쁘다 / 따뜻하다 / 뿌듯하다 / 자신 있다 / 편안하다
3. 문장은 "나는 (무엇을 하는) (어떤 느낌의) 사람이다." 형식으로 쓴다.
예: "나는 사람들에게 용기를 주는 따뜻한 사람이다."
4. 1단계 중에서 가장 마음에 와 닿는 '되고 싶은 나' 3개를

고른다.

이 세 문장이 바로 나의 정체성 루틴의 기초가 된다.

| 되고싶은나 /가지고 싶은것 | 되고싶은 나가 되었을때 느낌 | 정체성 찾기 |
|---|---|---|
| 그림으로 표현을 잘하는 사람 | 즐겁다 | 나는 그림으로 표현을 잘하는 즐거운사람이다 |
| 영어로 자유롭게 대화하는 사람 | 뿌듯하다 | 나는 영어로 자유롭게 대화하는 뿌듯한 사람이다 |
| 좋은 기타가지기 | 자신있다 | 나는 좋은 기타를 가진 자신있는 사람이다 |

※자주 하는 질문 Q&A

1. 꼭 느낌을 붙여야 해요?”
→ 그래, 꼭 붙여보자. 느낌이 있어야 네 정체성이 더 선명해지고, 뇌가 강하게 기억해.
2. “느낌이 잘 안 떠올라요. 어떻게 해야 하죠?”
→ 괜찮아. 꼭 어렵게 생각할 필요는 없어. 느낌은 예시로 둔 5가지(따뜻하다, 자신 있다, 즐겁다, 차분하다, 뿌듯하다)면 충분해. 그중에서 지금 네 마음에 가장 와 닿는 걸

하나 골라보면 돼.

3. "제가 쓴 문장이 어색해요. 바꿔도 돼요?"

→ 당연하지. 정체성 문장은 한 번에 완성되는 게 아니야. 계속 고치면서 더 너다운 문장을 찾으면 돼.

4. "정체성 문장이 여러 개 나오면 다 써야 하나요?"

→ 다 적어도 좋아. 하지만 그중에서 가장 마음에 와 닿는 걸 고르면 더 집중할 수 있어.

5. "제가 쓴 정체성이 진짜 저일까요? 그냥 꾸민 것 같아요."

→ 아니야. 네가 직접 경험에서 꺼낸 거라면 이미 네 안에 있는 모습이야. 꾸민 게 아니라 아직 다 자라지 않은 씨앗일 뿐이야.

6. "친구랑 비슷한 정체성을 써도 되나요?"

→ 물론이지. 같은 말이라도 너의 경험과 느낌에서 나온 거라면 그것은 너만의 정체성이야.

7. "오늘은 내가 쓴 정체성대로 행동을 못했어요. 실패한 걸까요?"

→ 전혀 아니야. 정체성은 시험지가 아니고, 방향을 알려주는 나침반이야. 조금씩 그 방향으로 나아가면 충분해.

정체성은 내가 어떤 사람인지에 대한 뿌리다. 이제 이 정체성을 눈앞에 장면처럼 떠올려보자.

## 3단계

# 시각화하기
# -보이는 순간 뇌는 믿기 시작한다

명령 선언문

나는 나에게 명령한다.
내가 되고 싶은 나를 눈앞에 선명하게 그려라

시각화는 왜 필요한가?

정체성을 문장으로 적었다면, 이제 그 문장을 장면으로 바꾸어 떠올려야 한다. 왜냐하면 뇌는 글자보다 그림과 영상 같은 이미지에 더 강하게 반응하기 때문이다.

심리학 연구에서도 시각화는 목표 달성에 가장 강력한 도구 중 하나로 알려져 있다. 머릿속에서 장면을 떠올리는 것만으로도, 뇌는 실제 경험과 거의 비슷하게 반응한다. 그래서 내가 되고 싶은 모습을 그려보는 순간, 이미 연습이 시작된 것이다.

시각화는 멀리 있는 미래를 상상하는 일이 아니다. 지금, 이 순간의 나를 생생하게 그려보는 것이다. 책상 앞에 앉아 공부하는 나, 친구에게 따뜻한 말을 건네는 나, 무대에서 자신 있게 말하는 나 이 장면들이 쌓일수록 '나는 그런 사람이다'라는 믿음이 강해진다.

**※ 사용방법**

1. 2단계에서 만든 정체성 문장을 가져온다.
2. 각 문장을 눈앞의 장면처럼 구체적으로 떠올리며 적는다.

예) 나는 그림으로 표현을 잘하는 사람이다.

| 번호 | 질문 | 시각화 |
|---|---|---|
| 1 | 어떤 옷을 입고 있어? | 교복 |
| 2 | 어디에 있어? | 학교 미술실 |
| 3 | 네 표정은 어때? | 웃고 있어 |

| 4 | 누구와 함께 있어? | 친구와 함께 |
|---|---|---|
| 5 | 무슨 말을 하고 있어? | 재밌는 걸 |
| 6 | 기분은 어때? | 즐거워 |
| 상상한 장면을 이어서 적어봐 | | |
| 교복을 입고 학교 미술실에서 웃으면서 친구들과 재미있는걸 하면서 즐겁게 그림을 그리고 있다. | | |

## ※자주 하는 질문 Q&A

1. 꼭 글로만 써야 하나요?

→ 글이 기본이야. 글로 표현해야 네 생각이 더 분명해져.

2. 글을 잘 못 쓰면 어떡해요?

→ 괜찮아. 완벽한 문장이 아니어도 돼. 네가 이해할 수 있는 말이면 충분해.

3. 그림을 그려도 되나요?

→ 글을 쓰다 막히면 간단하게 스케치해도 좋아. 하지만 꼭 그릴 필요는 없어.

4. 글도 그림도 하기 싫으면 어떻게 해요?

→ 억지로 하지 않아도 돼. 하지만 최소한 네 마음속 장면을 떠올리는 연습은 꼭 해보자.

5. 글로 쓰다 중간에 그림을 섞어도 돼요?

→ 물론이지. 문장 몇 줄 쓰고 그림 한 장 곁들이면 더 잘 떠오를 수 있어.

6. 내가 쓴 글이 너무 짧아도 되나요?

→ 짧아도 괜찮아. 중요한 건 네가 어떤 장면을 떠올렸는지, 그 느낌이 드러나는 거야.

이제 정체성이 눈앞에 장면으로 출력되었다. 다음 단계에서는 이 장면에 가까운 이미지를 세상 속에서 찾아와 보드로 완성한다.

# 4단계

## 내 그림 찾기
## 내가 그린 꿈, 세상에서 찾기

명령 선언문

나는 나에게 명령한다.
내가 그린 꿈중에  제일 마음에 드는 그림을 찾아라

이제 머릿속의 꿈을 눈으로 볼 시간이다.

머릿속으로만 상상한 장면은 금세 흐려지지만, 눈으로 볼 수 있는 사진과 이미지는 오래 남는다. 그래서 4단계에서는, 내가 그린 꿈을 바깥 세상에서 찾아내는 일을 한다.

예를 들어 "나는 그림으로 표현을 잘하는 즐거운 사람이다." 라는 정체성을 시각화했다면, 이제는 '그림'과 '즐겁다'라는 두 가지 키워드를 중심으로 이미지를 찾아본다. 이미지는 어디에서든 좋다.

· 인터넷의 무료 이미지 사이트
· 잡지 속 사진
· 직접 찍은 사진

중요한 건, 내 머릿속 장면과 가장 닮은 이미지를 눈앞에 붙여두는 것이다.

그림을 찾았다면, 이제 '언제까지 이루겠다'는 날짜를 정해보자. 이때 날짜는 단순히 '언제쯤 이루어졌으면 좋겠다'가 아니라, "그날까지 나는 이 꿈을 이루겠다"는 명령의 날짜다. 즉, 날짜를 적는 것은 '기한 설정'이 아니라 '실행의 약속'을 뇌에 새기는 행위다.

· 직관적으로 떠오른 날
· 생일·졸업식 같은 의미 있는 날
· 시험·대회·진학일처럼 이미 알고 있는 목표의 날

하지만 막연한 '언젠가'가 아니라, "2030년 3월 1일" 처럼 구체적인 하루를 정해야 한다. 날짜를 적는 순간, 뇌는 그 꿈을 단순한 소망이 아니라 현실로 준비해야 할 약속으로 받아들인다.

추상적인 꿈이 구체적인 장면으로 내려오고, 매일 보는

사진에 날짜가 붙을 때 뇌는 그것을 실제 일정처럼 인식한다. 그래서 꿈은 더 이상 멀리 있는 상상이 아니라, 눈앞에 다가온 실행 계획이 된다.

### ※ 사용방법

1. 3단계에서 떠올린 시각화 장면을 다시 꺼낸다.
2. 그 장면에서 핵심이 되는 주제와 느낌 키워드를 찾는다.
 · 주제 키워드 예시: 요리사, 교실, 운동, 발표, 무대
 · 느낌 키워드 예시: 따뜻하다 / 자신 있다 / 즐겁다 / 차분하다 / 뿌듯하다
3. 인터넷(무료 이미지 사이트), 책, 잡지 등에서 해당 키워드에 맞는 이미지를 찾아본다.
4. 그림을 찾았다면, 그 꿈을 언제까지 이루겠는지 날짜를 정해보자.

| 시각화장면 가져오기 | 주제(키워드) | 느낌 | 이루고싶은 날짜 |
|---|---|---|---|
| 나는 그림으로 표현을 잘 하는 사람 | 그림 | 즐겁다 | 2030.03.01 |
| 영어로 자유롭게 대화하는 사람 | 영어대화 | 뿌듯하다 | 2028.03.01 |
| 좋은 기타 가지기 | 기타 | 자신있다 | 2027.03.01 |

※자주 하는 질문 Q&A

1. 꼭 이미지를 찾아야 하나요?
→ 글과 상상만으로도 충분하지만, 이미지를 찾으면 더 오래 기억에 남고 뇌가 강하게 반응해.
2. 어떤 이미지를 골라야 하나요?
→ 내 정체성과 느낌 키워드에 가장 잘 맞는 장면을 고르면 돼. 멋진 사진보다 내 마음에 닿는 사진이 더 중요해.
3. 무료 이미지는 어디서 찾을 수 있어요?
→ Unsplash, Pixabay.핀터레스트 같은 무료 이미지 사이트나, 잡지, 신문, 가족 사진도 좋아.
4. 그림을 직접 그려도 되나요?
→ 물론이지. 이미지를 못 찾겠다면 간단하게 스케치해도 돼.
5. 날짜는 꼭 적어야 하나요?
→ 응, 날짜를 적어야 뇌가 그 꿈을 '실제 일정'처럼 받아들여. 막연한 언젠가보다, 정해진 날이 힘을 줘.
6. 미래 날짜는 아무 날이나 골라도 되나요?
→ 맞아. 네가 원하는 아무 미래 날짜라도 좋아. 다만 구체적일수록 더 강력해.
7. 여러 장 이미지를 붙여도 되나요?
→ 물론이야. 한 장만 붙여도 되고, 여러 장을 조합해도

돼. 네가 상상한 장면이 잘 드러나면 된다.
8. 찾은 사진이 완벽하게 내가 상상한 거랑 다르면요?
→ 괜찮아. 비슷하기만 해도 뇌는 그 이미지를 받아들여. 중요한 건 네가 그 사진을 볼 때 떠오르는 느낌이야.
9. 이미지를 붙이고 나면 뭘 해야 하나요?
→ 매일 보이는 곳에 두고 자주 바라봐. 뇌는 반복해서 본 이미지를 점점 현실처럼 인식해.
10. 나중에 꿈이 바뀌면 사진도 바꿔야 하나요?
→ 그렇지. 꿈은 자라면서 달라질 수 있어. 바뀌면 새로운 이미지를 찾아 다시 붙이면 된다.

이제 머릿속에서 떠올린 장면이 사진과 이미지로 눈앞에 나타났다.

하지만 아직 흩어진 그림 조각일 뿐이다.

이 장면들을 한 장에 모아야 네 꿈이 더 선명해진다. 이 그림은 네가 머릿속에서만 보던 장면을 눈앞에 펼쳐주는 창이 된다.

제 4-1단계 편집하기에서 이미지를 정리하고, 날짜와 이름을 새겨 넣어 나만의 드림프린터 를 출력하자.

## 4-1

# 편집하고 인쇄하기 -꿈의 장면을 완성하다

꿈은 눈에 보여야 한다.

눈에 보여야 꿈이 이루어진다. 머릿속의 상상만으로는 오래 가지 않는다. 보이지 않는 꿈은 곧 사라지지만, 눈앞의 꿈은 매일 나를 다시 일으킨다. 그래서 우리는 반드시 '출력'해야 한다. 내 머릿속의 꿈을 실제 이미지로 인쇄해 눈앞에 두는 일, 그것이 바로 현실로 가는 첫걸음이다.

시각화에서 떠올린 장면은 머릿속에만 두면 금세 흐려진다. 그래서 우리는 그 장면을 실제 보드로 출력해 눈앞에 붙인다. 편집하고 인쇄하는 과정은 단순한 디자인이 아니다. 그건 내 머릿속에 있던 꿈을 현실 세계로 꺼내는 '출력 과정'이다.

그런데 왜 굳이 인쇄까지 해야 할까? 뇌는 글자보다 이미지와 공간 자극에 훨씬 강하게 반응하기 때문이다. 화면 속 파일은 쉽게 닫히지만, 벽에 붙은 출력물은 매일 시선을 끌며 나를 '꿈의 방향'으로 정렬시킨다. 특히 날짜를 적는 순간, 꿈은 막연한 언젠가가 아니라 실제로 준비해야 할 약속이 된다. 그래서 편집하고 인쇄하는 과정은 '장면을 붙이는 일'이 아니라 '미래를 눈앞으로 끌어오는 일'이다.

**※ 사용방법**

1. 4단계에서 모은 이미지를 편집 툴(캔바·미리캔버스·파워포인트 등)에 불러온다.
2. 왼쪽에는 주제 키워드, 오른쪽에는 감정 키워드를 배치한다.
3. 각 이미지 아래에는 정체성 문장과 완성하고 싶은 날짜를 적는다.
4. 보드 상단에는 연도 + 이름 + 드림프린터를 넣는다.
   예: 2026 김민지 드림프린터
5. 사이즈는 A3 정도로 크게 제작하면 시각 효과가 좋다.
6. 완성된 파일은 인쇄 사이트나 집 프린터로 출력한다.
7. 출력물은 책상 앞, 거실, 침대 옆 등 매일 눈에 띄는 곳에 붙인다.

20(　　)(　내이름　) 드림프린터

주제키워드
감정키워드
2026.03.01 그림으로 표현잘하는 즐거운 사람되기
CONFIDENCE
주제키워드
감정키워드
ACHIEVE
STRENGTH
(목표달성예측날짜, 정체성) 적기
주제키워드
감정키워드
(목표달성예측날짜, 정체성) 적기

## ※자주 하는 질문 Q&A

1. "꼭 인쇄해야 하나요?"

→ 그래, 인쇄는 중요해. 화면 속 파일은 금방 닫히지만, 종이 출력물은 매일 눈에 띄면서 뇌에 강하게 각인되지.

2. "이미지를 꼭 똑같이 찾아야 해요?"

→ 아니야, 꼭 똑같을 필요는 없어. 중요한 건 그 그림을 볼 때 네가 떠올린 감정이 다시 살아나면 되는거야.

3. "그림을 직접 그려도 되나요?"

→ 당연하지. 낙서나 아이콘처럼 단순한 그림이어도 네가 떠올린 장면을 기억할 수 있다면 충분해.

4. "날짜를 꼭 적어야 하나요?"

→ 그래, 날짜는 꼭 적어야 해. 막연한 '언젠가'는 흐릿하지만, 날짜를 적는 순간 뇌가 그것을 '현실의 약속'으로 받아들여.

5. "보드는 꼭 A3 사이즈로 해야 해요?"

→ 아니야. A4도 괜찮아. 하지만 크기가 클수록 눈에 잘 띄고 효과가 더 커.

6. "보드 위에 제 이름까지 넣어야 해요?"

→ 그래야 해. 이름을 넣는 순간 이 출력물은 네 것이 되고, 뇌가 더 강하게 책임감을 느끼게 돼.

7. “출력한 보드는 어디에 두면 좋아요?”

→ 책상 앞, 침대 옆, 거실 벽처럼 매일 자연스럽게 보이는 곳에 두는 게 좋아.

8. “보드를 교체해야 할 때는 언제인가요?”

→ 이미 만든 드림프린터는 이루어질 때까지 두고, 새로운 꿈이나 정체성이 생겼을 때 새 드림프린터를 만들면 돼

9. 한 번에 여러 장을 만들어도 돼요?”

→ 할 수는 있어. 하지만 처음에는 한 장에 집중하는 게 더 큰 힘을 준단다.

10. “스티커나 색깔을 써도 괜찮아요?”

→ 물론이지. 색과 장식을 더하면 보드가 더 생생해지고, 뇌에도 강하게 각인돼.

이제 머릿속 장면이 이미지로 출력되어 눈앞에 보드로 완성되었다. 하지만 그림만으로는 꿈이 현실이 되지 않는다. 다음 단계에서는 이 보드에 담긴 꿈을 바로 5단계, 세상에서 가장 쉬운 루틴 만들기로 들어가자.

# 5단계

## 세상에서 가장 쉬운 루틴만들기

명령 선언문

나는 나에게 명령한다.
하루 중 가장 쉬운 행동 하나를 정하고 ,반드시 실행하라.

### 5-1 해야 할 것 ,하지 말아야 할 것 구분하기

우리는 3단계에서 이미 목표를 정했다.

이제 그 목표를 중심으로, 내가 직접 해야 할 것과 하지 말아야 할 것을 정하면 된다. 가장 쉬운 루틴은 누가 만들어주는 것이 아니라 내가 직접 정하는 것이다.

우리의 아주 작고 사소한 루틴 하나가 천억의 값어치를 지닌다. 성공한 사람들은 대부분, 거창한 목표보다 작고 단순한 루틴 하나를 꾸준히 지켜온 사람들이다. 그들은 '한 번에 바꾸려는 사람'이 아니라 '매일 조금씩 바꾸는 사람'이었다.

예를 들어, 손흥민은 매일 훈련 전 스트레칭과 슈팅 연습 루틴을 단 한 번도 거르지 않았다. 그 반복이 그의 몸에 '프로의 감각'을 새겼다. 스티브 잡스는 매일 같은 옷을 입으며 '결정 피로'를 줄이는 루틴을 실천했다. 그는 "중요한 일에만 에너지를 쓰기 위해" 작은 루틴을 설계했다.

이처럼 위대한 성취는 거대한 행동이 아니라, 미세한 반복에서 태어난다. 그 반복이 바로 천억의 가치다. 그래서 우리는 이 과정을 '천억루틴'이라고 부른다. 천억루틴을 만든다는 건 '큰 일을 하겠다'는 선언이 아니라 '작은 일을 꾸준히 하겠다는 다짐이다. 이 마음으로 하루를 시작해보자. 그 작고 사소한 행동 하나가 인생의 궤도를 바꾼다.

천억루틴을 만드는 방법은 생각보다 단순하다. 먼저 '내가 되고 싶은 나'와 연결된 작고 구체적인 행동 하나를 정하는 것이다. 거창한 목표를 세울 필요는 없다.

"가장 작고 사소한 것부터 시작해보자."

예를 들어,

· 하루에 책 5쪽 읽기

· 아침에 일어나 물 한 컵 마시기

· 친구에게 먼저 인사하기

이런 사소한 행동이면 충분하다. 이때 중요한 반드시 '가장 쉬운 것'으로 고르는 것이다. 왜냐하면 천억루틴은 "무조건 하기 쉬운 것"부터 실행해야 꾸준히 이어가기 쉽기 때문이다. 예를 들어 '아침에 물 한 컵 마시기'가 가장 쉽다면, 그것을 1순위로 정하면 나만의 '천억 루틴'이 시작하면 된다.

하지만 루틴을 만들 때, 해야 할 것만 정하면 반쪽짜리다. 루틴을 오래 유지하려면, 하지 말아야 할 것도 함께 알아야 한다.성공을 방해하는 건 대부분 거대한 실패가 아니라, 작은 버그 하나 이기 때문이다.

한 마리의 벌레가 거대한 성벽을 무너뜨리듯, 우리의 일상도 사소한 습관 하나가 모든 시스템을 무너뜨릴 수 있다. 나폴레옹은 천재적 전략가였지만, 그의 몰락은 거대한 전쟁보다도 '조급함'이라는 버그에서 시작되었다.

러시아 침공 당시 그는 늘 해오던 '정찰과 보급 점검 루틴'을 무시하고 진군을 서둘렀다. 그 한 번의 판단이 전쟁 전체를 무너뜨렸다. 루틴은 '해야 할 것'을 정하는 일이라면, 버그잡기는 '하지 말아야 할 것'을 인식하는 일이다. 내 안의 버그를 알아차리지 못하면, 루틴은 반드시 무너진다.

버그는 의지 부족이나 나약함이 아니다. 우리 뇌가 익숙함을 지키려는 방어 신호다. 뇌는 '반복된 패턴'을 안전하다고 느끼고, 새로운 변화에는 '위험'이라는 경고를 보낸다. 그래서 새로운 루틴을 만들려 하면, 뇌는 즉시 이렇게 말한다.

· "그만둬."
· "귀찮아."
· "나중에 해."

이건 실패의 신호가 아니라, 뇌의 자동 반응이다. 뇌가 변화를 거부하는 이유는, 그것이 생존 본능이기 때문이다. 하지만 우리가 그 신호를 알아차리고 이름 붙이는 순간, 그 반응은 더 이상 적이 아니다.

많은 사람들은 '루틴을 만들겠다'는 결심만 한다. 하지만 버그잡기를 루틴 안에 포함하지 않으면, 그 루틴은 반드시 무너진다. 새로운 루틴은 언제나 저항을 부른다. 그래서 버그를 점검하고 수정하는 과정 자체가 루틴 안의 루틴, 즉 '메타 루틴(Meta Routine)'이 되어야 한다. 버그잡기를 루틴으로 넣는 순간, 루틴은 더 이상 어렵지 않다.

왜냐하면 "실패해도 괜찮다, 나는 버그를 잡는 중이니까"라는 심리적 안전장치가 생기기 때문이다. 루틴을 완벽하게 유지하려는 사람은 중간에 포기하지만, 버그를 관찰하며 수정하는 사람은 결국 끝까지 간다. 그래서 버그잡기 루틴이야말로 세상에서 가장 쉽게 실행할 수 있는 루틴이다.

**※ 사용방법**

1. 3단계에서 시각화한 장면을 다시 떠올린다.
예: "영어로 외국인과 대화하며 즐겁게 웃는 나"

2. 그 장면을 이루기 위해 필요한 행동을 긍정문으로 3가지 적는다.
예: 매일 영어 단어 5개 외우기 / 영어 영상 보고 따라 하기 / 영어책 한 페이지 읽기

시각화한 장면이 3개라면, 각 장면마다 해야 할 행동을 3가지씩 적는다.
→ 총 9가지 행동이 만들어진다.

3. 루틴을 방해하는 요소를 부정문으로 1가지 적는다.
예: 늦게까지 휴대폰 보지 않기 / 늦잠 자지 않기

4. 각 시각화 장면에서 적은 3가지 행동 중, 가장 쉽고 당장 실천 가능한 것을 1순위로 정한다.
예: 영어 단어 5개 외우기 → 나의 첫 번째 '천억루틴'

5. 모든 시각화 장면 중 공통으로 방해가 되는 요소 1가지를 선택해 '버그잡기 루틴'으로 정한다.

## 해야할 것

| 번호 | 해야할 것 3가지씩 적기 | 쉬운 순서 정하기 |
| --- | --- | --- |
| 1 | 매일 영어단어 5개 외우기 | 1 |
| 2 | 영어 영상 보고 따라 하기 | 3 |
| 3 | 영어책 한 페이지 읽기 | 2 |
| 4 | | |
| 5 | | |
| 6 | | |
| 7 | | |
| 8 | | |
| 9 | | |

## 하지말아야 할 것

| 번호 | 하지 말아야 할 것 1가지 |
| --- | --- |
| 1 | 10시 이후 휴대폰 하지 말기 |
| 2 | |
| 3 | |

## ※ 자주 하는 질문 Q&A

1. "루틴을 꼭 3개씩 써야 해요?"
→ 그래, 처음엔 3개 써보자.
하지만 부담된다면 한두 개만 해도 좋아. 중요한 건 내가 직접 정했다는 것이야.

2. "이미 목표는 있어요. 그럼 해야 할 일은 어떻게 찾죠?"
→ 좋아, 이제 그 목표를 행동으로 바꿔보자. 예를 들어 "영어로 외국인과 대화하는 즐거운 사람 되기"라면, '단어 5개 외우기', '영어 영상 보기', '한 문장 말하기'처럼 작게 쪼개보면 돼. 그중에서 가장 쉬운 것 하나를 먼저 골라보자. 그게 바로 너의 첫 번째 루틴이야.

3. "왜 쉬운 걸 먼저 하라고 하나요?"
→ 쉬운 건 '작은 성공'을 준다. 한 번의 성공이 자신감을 만들고, 그게 꾸준함으로 이어져. 그래서 루틴은 어렵게가 아니라 '쉽게, 자주, 즐겁게'가 좋아.

4. "하고 싶은것이 너무 단순한데, 그래도 괜찮을까요?"
→ 괜찮아. 단순할수록 강력해.중요한 것은 매일의 반복

이지 그게 쌓이면 어느새 네 정체성이 돼.

5. "하고싶은것이 자꾸 바뀌어요. 괜찮을까요?"
→ 그래, 처음엔 다 그래. 처음부터 완벽할 필요 없어. 다만 남을 따라 정하기 보다는 내가 정한 루틴을 찾아보자.

6. "루틴을 못 지켰을 땐 어떻게 해야 하죠?"
→ 괜찮아. 그건 실패가 아니라 점검 신호야. 왜 안 됐는지 이유를 써보면, 그게 다음 루틴의 힌트가 돼.

7. "버그잡기 루틴은 꼭 해야 하나요?"
→ 해보자. 해야 할 일만 정하면 반쪽짜리야. 하지 말아야 할 걸 알아야 루틴이 오래 간다.

8. "정말 이런 작은 루틴 하나로 천억의 효과가 있을까요?"
→ 그래, 믿어도 돼. 루틴의 크기가 중요한 게 아니야. '내가 만든 루틴'이라면 그건 절대 쉽게 무너지지 않아

# 6단계

## 천억루틴과 버그루틴 -나를 움직이는 두 버튼

천억루틴은 세상에서 가장 쉬운 루틴에서 시작한다.

어려운 목표는 금세 포기하게 되지만, 쉬운 목표는 반드시 성공할 수 있다. 중요한 건 작은 행동 하나를 매일 반복하는 것이다.

이 루틴을 21일 이상 이어가면 습관이 되고, 그 습관은 결국 정체성으로 각인된다. 작은 행동이지만, 그 하나가 인생 전체를 바꾸는 씨앗이 된다. 한 알의 씨앗이 숲을 이루듯, 가장 쉬운 루틴 하나가 모여 '천억 가치의 삶'을 만드는 토대가 된다.

심리학 연구에 따르면 새로운 행동은 약 21일 이상 반복될 때 뇌 속에 새로운 신경회로로 자리 잡는다. 이때 뇌는 "나는 해낼 수 있는 사람이다."라는 신호를 저장한다. 그 신호가 바로 '정체성'이다.

그리고 보상은 루틴을 지속시키는 강력한 장치다. 작은

선물, 칭찬 한마디, 좋아하는 음식 한 입이라도 좋다. 이 보상이 뇌의 도파민 회로를 자극해 행동을 즐겁게 이어가게 만든다.

루틴은 억지로 버티는 것이 아니라, 즐거워서 계속되는 흐름이다. 천억루틴의 핵심은 "작게 시작해서, 21일을 이어가며, 스스로를 매일 칭찬하는 것"이다.

**※ 사용방법**

1. 5단계에서 정한 '해야 할 것' 중 가장 쉬운 1가지를 선택한다.
2. 시간이 아닌 '상황'을 기준으로 실행 시점을 정한다.
3. 21일 동안 꾸준히 반복한다.
4. 7·14·21일마다 스스로에게 작은 보상을 준다.
5. 성공을 '체크'로 기록한다.

## 예) 천억루틴

| 언제할래? | 천억루틴 | 처음 시작하는 날짜와 보상 | | | | | | | |
|---|---|---|---|---|---|---|---|---|---|
| 점심<br>식사후 | 매일영어단어<br>5개 외우기 | 9/10 | 11 | 12 | 13 | 14 | 15 | 16 | 7일보상<br>아이스크림먹기 |
| | | √ | √ | √ | √ | √ | √ | √ | |
| | | 17 | 18 | 19 | 20 | 21 | 22 | 23 | 14일보상<br>스스로 칭찬하기 |
| | | √ | √ | √ | √ | √ | √ | √ | |
| | | 24 | 25 | 26 | 27 | 28 | 29 | 30 | 21일보상<br>작은선물사주기 |
| | | √ | √ | √ | √ | √ | √ | √ | |
| | | | | | | | | | 7일보상 |
| | | | | | | | | | |
| | | | | | | | | | 14일보상 |
| | | | | | | | | | |
| | | | | | | | | | 21일보상 |
| | | | | | | | | | |

7일동안 천억루틴을 성공했을때 감정이나 느낌을 적는다
(각 7일 마다 적는다)만약 하루빠졌다면 그 다음날 바로 시작하여 7일 연결한다.

7일 : 정말 뿌듯하다 .나도 할수 있네 ,마음이 한결 가벼워짐 등등
14일 : 이제 습관처럼 느껴진다/스스로가 든든하게 느껴짐/성취감이 느껴지고 주변에 자랑하고 싶다.
21일 : 나 정말 대단하다/강한 자신감이 생겼어/다른 도전도 할 자신이 생겼어

## ※ 자주 하는 질문 Q&A

1. 왜 꼭 1순위, 가장 쉬운 것부터 시작해야 하나요?
→ 뇌는 처음 시도할 때 '쉬운 성공'을 경험해야 자신감을 키울수 있어. 가장 쉬운 것을 루틴으로 정해야 실패 없이 지속할 수 있고, 작은 성공이 쌓이면 더 큰 루틴도 자연스럽게 따라온단다
2. 왜 루틴을 21일 동안 이어가야 하나요?
→ 심리학 연구에 따르면 새로운 행동은 약 21일 이상 반복할 때 뇌 속에 습관 회로가 만들어져. 21일은 정체성을 새기는 최소한의 시간이야.
3. 시간을 딱 정해두는 게 더 확실하지 않나요?
→ 시계를 기준으로 정하면 상황이 바뀔 때 쉽게 무너져. 대신 "저녁식사 후", "양치하고 나서"처럼 상황 단서(If-Then Planning)를 정하면 실행 성공률이 훨씬 높아진단다.
4. 꼭 보상을 해야 하나요?
→ 보상은 뇌의 보상 회로를 자극해 루틴을 더 즐겁게 만들어. 간단한 간식, 칭찬, 스티커 붙이기처럼 작은 보상이라도 꾸준히 주는 게 효과적이지.
5. 보상은 어떤 게 좋아요?
→ 값비싼 게 필요 없어. 7일에는 간식, 14일에는 칭찬 카

드, 21일에는 작은 선물처럼 점진적으로 주면 충분해. 중요한 건 보상 자체보다 루틴을 즐겁게 이어가도록 동기를 주는 힘이야.

6. 천억루틴이라고 이름 붙인 이유가 뭔가요?

→ 작은 행동이지만 정체성으로 각인되면 인생 전반에서 엄청난 가치를 만들어내기 때문이지. 작은 씨앗 하나가 숲을 이루듯, 가장 쉬운 루틴 하나가 모여 천억 원보다 값진 변화를 일으킨다는 의미란다.

7. 루틴이 너무 사소해 보여도 괜찮나요?

→ 괜찮아. 사소해 보이는 것일수록 지키기 쉽고, 지킬수록 뇌에 성공 경험이 쌓여.

중요한 건 '규모'가 아니라 '지속성'이란다

8. 루틴을 하다가 하루 빼먹으면 어떻게 하나요?

→ 실패했다고 끝나는 게 아니야. 그냥 기록해두고 다음날 다시 이어가면 된다. 중요한 건 멈추지 않고 다시 연결하는 힘이란다.

9. 천억루틴은 한 번에 몇 개까지 할 수 있나요?

→ 처음에는 한 개만 하는게 좋아. 여러 개를 동시에 하면 집중력이 흩어져. 작은 성공을 확실히 쌓고 나서 점차 늘려가는 게 좋아.

10. 21일이 지나면 끝인가요?

→ 아니. 21일은 시작일 뿐이고, 66일 정도 이어가면 완전히 습관으로 굳어져. 그때는 '명예의 전당 루틴'으로 올려 기록해두면 좋아.

11. 천억루틴을 잘 지켰는지는 어떻게 알 수 있나요?

→ 하루 끝에 체크하거나, 기록지에 √표시만 해도 충분해. 중요한 건 '지켰다/못 지켰다'를 눈으로 확인하는 거야.

버그잡기루틴은 의지의 싸움이 아니라, 환경과 버그의 싸움이다. 루틴을 무너뜨리는 가장 큰 원인은 반복되는 방해습관이다. 겉으로는 여러 이유처럼 보이지만, 사실 핵심적인 단 하나의 습관이 전체 루틴을 무너뜨린다.

예를 들어, '늦게까지 휴대폰 보기'라는 습관은 수면 부족을 만들고, 다음 날의 운동·공부·집중 루틴을 모두 흔들어 놓는다. 그래서 드림프린터에서는 이 단계를 '버그잡기 루틴'이라 부른다.

컴퓨터의 작은 오류 하나가 전체 프로그램을 멈추게 하듯, 우리의 일상도 사소한 습관 하나로 무너질 수 있다. 하지만 반대로, 그 버그 하나만 고쳐도 다른 루틴들이 자연스럽게 돌아가기 시작한다. 루틴을 실행할 때는 시간을 딱 정하기보다, "저녁 식사 후", "공부 마친 뒤"처럼 '상황'

을 기준으로 실행하면 자연스럽게 이어진다. 억지로 시간을 맞추지 않아도 되니 부담이 줄고, 뇌가 자동으로 다음 행동을 연결한다.

무엇보다 중요한 건 실패를 두려워하지 않는 태도다. 루틴을 놓친 날이 있다면, 그냥 지나치지 말고 기록하자. "오늘은 왜 실패했을까?" 한 줄만 적어도 된다. 이 단순한 기록이 바로 뇌의 디버깅 과정이다. 뇌는 실패를 통해 버그를 피하거나 대체하는 새로운 경로를 학습한다. 그래서 실패는 끝이 아니라, 루틴을 단단하게 만드는 갱신의 신호다.

**※ 사용방법**

1. 5단계에서 정한 '하지 말아야 할 것' 1가지를 적는다.
2. 루틴을 지키지 못한 날에는 실패한 사실을 기록하고, 왜 지키지 못했는지 간단히 적는다.
(예: "피곤했다." "귀찮았다." "다른 일을 먼저 했다.")
3. 실행 시점은 시간을 딱 정하기보다, 상황 단서(예: 밥 먹고 나서, 공부 끝난 뒤, 양치 후 등)를 기준으로 정한다.

## 예) 버그잡기 루틴

<table>
<tr><th>언제할래?</th><th>버그잡기루틴</th><th colspan="7">시작한 날짜</th></tr>
<tr><td rowspan="6">점심<br>식사후</td><td rowspan="6">휴대폰 안보기</td><td>9/10</td><td>11</td><td>12</td><td>13</td><td>14</td><td>15</td><td>16</td></tr>
<tr><td>√</td><td>√</td><td>√</td><td>√</td><td>√</td><td>√</td><td>√</td></tr>
<tr><td>17</td><td>18</td><td>19</td><td>20</td><td>21</td><td>22</td><td>23</td></tr>
<tr><td></td><td>√</td><td></td><td>√</td><td>√</td><td>√</td><td>√</td></tr>
<tr><td>24</td><td>25</td><td>26</td><td>27</td><td>28</td><td>29</td><td>30</td></tr>
<tr><td>√</td><td></td><td>√</td><td>√</td><td>√</td><td>√</td><td>√</td></tr>
<tr><td colspan="9">루틴을 연결하지 못한 이유를 적는다<br>17일 : 문자 확인만 하려다 계속 휴대폰을 봄<br>19일 : 친구와 통화하다가 휴대폰 계속 사용<br>25일 : 친구와 싸워서 기분풀려고 휴대폰 봄</td></tr>
</table>

## ※ 자주 하는 질문 Q&A

1. 왜 하지 말아야 할 것은 꼭 한 가지만 정해야 하나요?

→ 방해요소는 여러 개처럼 보여도 실제로는 핵심적인 한 가지가 나머지 루틴을 모두 무너뜨린다. 그 한 가지만 잡아도 다른 루틴들이 자연스럽게 살아난단다.

2. 하지 말아야 할 것도 루틴이 되나요?

→ 그럼. “휴대폰 보지 않기”, “늦잠 자지 않기”처럼 단순히 ‘하지 않겠다’고 정하는 것도 강력한 루틴이야.

3. 꼭 대체 행동을 정해야 하나요?

→ 꼭 그럴 필요는 없어. 그냥 ‘안하기’만으로도 충분해.다만 자꾸 실패한다면, 그 자리를 대신할 간단한 행동(책 읽기, 산책 등)을 곁들이면 성공률이 높아져.

4. 왜 루틴을 실패했을 때 기록을 해야 하나요?

→ 이유를 기록하면 뇌가 패턴을 인식하고, 다음에는 같은 실수를 줄이려고 하지. 기록은 자책이 아니라 디버깅 과정이야.

5. 실패하면 며칠 치가 다 날아가나요?

→ 아니야. 실패한 날은 기록만 남기고, 다음 날 다시 시작하면 돼. 중요한 건 멈추지 않고 연결하는 힘이지.

6. 루틴을 언제 실행하는 게 좋아요?

→ 시계를 보고 시간을 딱 정하기보다는, “저녁식사 후”, “양치하고 나서”처럼 상황 단서(If-Then)를 정하는 게 더 효과적이야. 뇌는 시각보다 상황에 더 잘 반응하거든.

7. 버그잡기루틴은 얼마나 오래 해야 하나요?

→ 시계를 보고 시간을 딱 정하기보다는, “저녁식사 후”, “양치하고 나서”처럼 상황 단서(If-Then)를 정하는 게 더 효과적이야. 뇌는 시각보다 상황에 더 잘 반응하거든.

8. 버그잡기루틴은 얼마나 오래 해야 하나요?

→ 방해요소는 한 번에 완벽히 사라지지 않지. 최소 21일은 꾸준히 지켜보는 게 좋아. 그래야 다른 루틴도 안정적으로 이어진단다.

9. 하지 말아야 할 것이 너무 사소해 보여도 괜찮나요?

→ 괜찮아. 아주사소해 보이는 행동 하나가 전체 루틴을 무너뜨릴 때가 많아. 핵심만 잡는 게 중요해.

10. 버그를 잘 지켰는지는 어떻게 알 수 있나요?

→ 하루 끝에 체크하거나, 기록지에 √표시만 해도 충분해. 중요한 건 '지켰다/못 지켰다'를 눈으로 확인하는 거야

## 7단계

## 명예의 전당루틴 -습관이 정체성이 되는 순간,꿈은 완성된다

천억루틴이 "작은 행동 하나를 21일 동안 지켜낸 승리"라면, 명예의 전당 루틴은 그 승리가 정체성으로 자리 잡은 완성이다. 이 단계에서 중요한 건, 시각화했던 장면이 실제 행동으로 옮겨 21일간 이어가며 '천억루틴'을 완성했고, 이제 그것이 나의 정체성으로 굳어진 것이다. 명예의 전당에 오른다는 건, 단순히 "성공했다"가 아니라 "나는 이제 그 사람이 되었다"는 선언이다.

66일째 되는 날, 처음 썼던 정체성 문장을 다시 꺼내보자. 그 문장은 이제 다짐이 아니라 삶으로 증명된 문장이 되어 있을 것이다.

2단계에서 상상한 장면이 7단계에서 현실의 나로 완성된다. 물론 66일 후에도 루틴이 흔들릴 때가 있다. 하지만 걱정하지 않아도 된다. 한 번 길을 닦은 뇌는 그 길을 기억한다. 한 번 만든 습관은, 언제든 다시 걸어 들어갈 수 있다. 잠시 멈춤은 실패가 아니다. 이미 만들어 둔 길 위를 다시 걷는 과정일 뿐이다.

**※ 사용방법**

1. 천억루틴을 21일 동안 지켜냈다면, 그 루틴을 명예의 전당 루틴으로 올린다.
2. 명예의 전당에 오른 날짜와 66일째 되는 날짜를 기록한다.
3. 매일 체크할 필요는 없다. 다만 생각날 때마다 확인하며 스스로를 격려한다.
4. 66일째 되는 날, 처음에 적었던 정체성 문장이나 시각화 내용을 다시 읽고 기록한다.
5. 한번 정착된 루틴은 잠시 멈춰도 다시 이어가기 쉽다.

|  | 21일간<br>성공한 루틴 | 명예전당 오른날<br>/66일째 되는 날짜 | 성공<br>여부 | 66일째 되는날<br>정체성 선언하기 |
|---|---|---|---|---|
| 1 | 매일영어단어5개 외우기 | 9월30일 ~11월14일 | 성공 | 나는 영어로 자유롭게 대화하는 뿌듯한 사람이다 |
| 2 |  |  |  |  |
| 3 |  |  |  |  |
| 4 |  |  |  |  |
| 5 |  |  |  |  |
| 6 |  |  |  |  |
| 7 |  |  |  |  |
| 8 |  |  |  |  |
| 9 |  |  |  |  |
| 10 |  |  |  |  |
| 계 |  |  |  |  |

## ※자주 묻는 질문 Q&A

1. 명예의 전당 루틴은 뭐예요?

→ 명예의 전당 루틴은 네가 천억루틴을 21일 동안 지켜

낸 뒤, 그 습관을 네 정체성으로 올려 기록하는 단계란다.

2. 왜 21일이 아니라 66일이에요?

→ 습관은 21일로 시작되지만, 66일쯤 반복해야 뇌와 몸에 완전히 새겨져. 그래서 66일째 되는 날을 특별히 기념하는 거야.

3. 매일 체크해야 하나요?

→ 아니야. 명예의 전당 루틴은 매일 체크할 필요는 없어. 다만 가끔 떠오를 때마다 확인하고 스스로를 칭찬해주면 된단다.

4. 66일째 되는 날은 뭘 하나요?

→ 처음 적었던 정체성 문장이나 시각화 내용을 다시 읽어보렴. 그리고 그것이 네 삶 속에 얼마나 자리 잡았는지 기록하면 좋아.

5. 명예의 전당에 올리면 뭐가 좋은 거예요?

→ 단순한 습관이 아니라 "나는 ○○한 사람이다"라는 정체성으로 굳어지지. 네 스스로 자랑스럽게 느끼고 자신감도 훨씬 커질 거야.

6. 66일 지나고 루틴을 못 지키면 어떻게 해요?

→ 괜찮아. 이미 21일과 66일을 지켜낸 경험이 있기 때문에 다시 시작하기가 훨씬 쉬워. 뇌는 네가 만들어둔 길을 기억하고 있거든.

7. 명예의 전당 루틴은 몇 개까지 올릴 수 있어요?
→ 제한은 없단다. 하지만 한 번에 하나씩 올리는 게 좋아. 그래야 집중할 수 있고 성취감도 제대로 느낄 수 있어.
8. 새로운 꿈이 생기면 드림프린터는 버려야 해요?
→ 아니야. 그대로 두는 게 좋단다. 그것은 네가 걸어온 발자취야. 새로운 꿈은 새로운 루틴으로 만들면 돼.
9. 꼭 날짜를 적어야 해요?
→ 그렇지. 구체적인 날짜를 적어야 뇌가 "그날 꼭 이루어야 하는 일"로 받아들여. 막연한 언젠가보다 훨씬 힘이 세단다.
10. 명예의 전당 루틴을 하면 제 꿈이 정말 이루어질까요?
→ 그렇단다. 작은 행동이 정체성으로 굳어지면, 그 순간부터 네 꿈은 이미 네 삶 속에 들어온 거야. 그것이 현실로 이어지는 다리가 되지.

명예의 전당 루틴은 매일의 싸움이 아니라, 내가 이미 변했다는 증거다.

작은 행동 하나가 장면에서 정체성으로 각인되는 과정, 그것이 바로 드림프린터의 완성이다.

## 드림프린터 사례 모음

### 지선(중2)

지선이는 언제나 순한 아이였다.

선생님이 "이거 해라" 하면 "네."

부모님이 "이거 하자" 하면 "네."

무엇이든 거부하지 않았다. 그녀는 늘 '누군가의 말'을 따르는 아이였다. 드림프린터를 하자고 하니 역시 담담하게 말했다.

"네."

그리고 당연하다는 듯 연필을 꺼내고 노트를 펼쳤다.

"지선아, 어떤 사람이 되고 싶어?"

잠시 생각하던 그녀가 대답했다.

"카리스마 있는 사람이요."

"그건 어떤 사람이야?"

"후배들이 물어볼 때 속 시원하게 말해줄 수 있는 사람이요." 그 대답엔 남을 도와주고 싶은 마음이 숨어 있었다. 하지만 이어진 말은 뜻밖이었다.

"그럼 카리스마 있는 사람이 되려면?""새벽 1시 전에 자고, 아침에 일찍 일어나는 거요."

언뜻 엉뚱했지만, 지선이에게 '일찍 일어나기'는 자기

통제의 첫 명령이었다.

그날부터 지선이는

"새벽 1시 전에 자고, 아침에 일찍 일어나기."

이 루틴을 7일간 실천했다. 매일 같은 시간에 자고, 아침 햇살이 들어올 때 일어났다. 일주일 뒤, 지선이는 자신에게 '선물'을 주었다.

"아침에 일어나 운동하는 내 모습을 사진으로 찍었어요."

그 사진을 휴대폰 프로필에 걸며 말했다.

"선생님, 저는 제가 빛나는 것 같아요. 미래가 너무 찬란할 것 같아요."

그 말에는 자신을 처음으로 인정한 사람의 목소리가 담겨 있었다. 그건 어떤 사교육으로도 만들 수 없는, 자기 명령에서 비롯된 자존감의 탄생이었다.

### 우주(중1)

우주는 자신의 꿈이 또렷한 아이였다.

"저는 의사가 되고 싶어요."

그는 이미 목표를 정해두고 있었다. 의사가 되기 위해 공부하고, 운동하며, 자격증 준비까지 스스로 찾아 했다. 누가 시키지 않아도 계획을 세우고 실행하는 아이,우주는 그런 아이였다. 드림프린터를 하게 된 날, 우주는 처음으로 자신의 꿈을 글과 그림으로 출력했다.

"의사가 되겠다"는 문장은 익숙했지만, '그림으로 그려서 눈앞에 붙여두는 일'은 처음이었다.

"이제 제 꿈이 눈으로 보여요."

그의 목소리엔 설렘이 섞여 있었다. 다른 친구들이 하루 한 가지 루틴을 정할 때, 우주는 자신에게 하나를 더 명령했다.

"점심시간때, 영어 프리토킹 영상을 보고 따라 하기."

그는 드림프린터 노트에 체크란을 만들어 매일 성공 여부를 기록했다. 작은 표시가 쌓일수록 자신감도 커졌다. 일주일 후, 우주는 말했다.

"제 꿈을 눈으로 보니까 정말 가까워진 기분이에요."

그의 말엔 확신이 있었다. 발표 시간에 우주는 당당히 드림프린터 보드를 들고 나섰다. 의사가 된 자신의 모습을 그린 그림을 보여주며 말했다.

"이건 제 미래예요. 저는 이 꿈을 계속 출력할 거예요."

박수가 터졌다. 그의 자신감은 친구들에게 전염됐다. 아이들은 서로의 꿈을 응원했고, 그날 교실은 작은 '드림 병원'이 되었다.

**민지(중3)**

민지는 생각이 많고, 꿈도 많은 아이였다.

"저는 이거 안 해도 꿈이 많아요."

드림프린터를 하자고 하니 당당하게 말했다. 민지의 노트엔 이미 가득 적혀 있었다.

· 그림 잘 그리는 화가 되기

· 예술고등학교 입학하기

· 요리 잘하기

· 친구들과 잘 지내기

· 동생에게 멋진 누나 되기

"그중에서 제일 하고 싶은 게 뭐야?"

"다요. 전 다 잘할 수 있어요."

머릿속엔 많은 계획이 있었지만,손은 좀처럼 움직이지 않았다. 그래서 다시 물었다.

"그럼 네가 제일 잘한다고 칭찬받은 건 뭐야?"

민지는 잠시 생각하다가 말했다.

"그림이요. 그림 그릴 때 제일 재밌어요."

"좋아, 그럼 그림을 그려서 뭘 하고 싶어?"

"예술고등학교에 가고 싶어요."

그 순간, 민지의 드림프린터 첫 문장이 완성됐다.

"나는 예술고등학교에 합격하는 화가다."

민지는 루틴을 정했다.

"하루에 그림 한 장 완성하기."

그리고 어느 날, 자신의 그림을 온라인에 올렸다. 놀랍게도 그 그림에 좋아요가 100개 이상 눌러졌다. 그 기쁨은 그 어떤 상보다 컸다. 그날 민지는 말했다.

"선생님, 제가 진짜 화가가 될 수 있을 것 같아요."

그 후 민지는 그림을 그리며 점점 자신감을 얻었다. 이상하게도, 그림에 집중하자 요리도, 친구 관계도, 동생과의 사이도 함께 좋아졌다. 한 가지 꿈이 다른 꿈들을 끌어당긴 것이다.

### 건희(중2)

중학교 2학년 건희는 엄청 소심했다. 항상 조용하고 존재를 내세우지 않았다. 드림프린터를 하자고 하니 자신의 내면 감정을 내세우기를 극도로 싫어했다.

"안 하면 안 돼요? 하기 싫어요."

다른 친구들이 하나둘 꿈을 적기 시작하자 건희도 억지로 연필을 들었다. 조용히 대화를 이어가자 결국 마음속 이야기를 써냈다.

"영어시험 80점 받아서 칭찬받고 싶다."

건희의 드림프린터 종이에는 단순한 문장이 적혀 있었

지만, 그 안에는 칭찬과 인정받고싶은 갈망이 담겨 있었다. 며칠 후, 드림프린터 발표 시간이 되었다. 모든 학생이 자신의 꿈을 친구들 앞에서 발표하는 자리였다. 건희는 의자를 밀고 일어나더니 얼굴을 붉혔다.

"안 해요."

그러더니 종이를 구겨 버리고 교실 밖으로 나갔다. 잠시 후 다시 돌아온 건희는 아무 말 없이 자리에 앉았다. 그리고 두 번째 발표 시간, 그녀는 쭈뼛거리며 자리에서 일어났다.

"저는… 영어시험을 80점 받고싶어요."

짧은 한마디였지만, 그 순간 교실은 조용해졌다. 자신을 의견을 말해본 적 없었대. 건희에게는 누구보다 용기있는 한 걸음이었다. 건희는 이후에도 루틴을 완벽히 지키진 않았다. 하지만 자신의 꿈을 '말로 출력한 경험'이 건희의 마음에 깊은 흔적을 남겼다.

"선생님, 저 발표할 때 너무 떨렸는데요, 그래도 제 꿈을 말하니까 진짜 제 얘기 같았어요."

그날 건희는 처음으로 깨달았다. 드림프린터는 '완벽하게 하는 것'이 아니라 '진짜 나를 말하는 것'이라는 걸.

# 에필로그

책을 쓰기 시작하자 내 안의 완벽주의가 모습을 드러냈다. 이걸 더 써야 하고 저건 고쳐야 하고 문맥이 안 맞으면 어쩌지? 한 문장을 수정하면 또 다른 문장이 불안해졌다. 불안은 끝없는 생각이 되어 머릿속을 가득 채웠다. 가슴은 답답하고 머리는 어지럽고 숨이 막혔다. 그럴 때마다 나는 호흡을 고르고 스스로에게 명령했다.

명령한다.

"오늘, 1장을 완성해라."

그러면 이상하게도 그날은 어떻게든 완성됐다. 다음 날 아침에도 나는 나에게 말했다.

"명령한다. 오늘은 2장을 써라."

혼란스럽던 마음이 '명령'이라는 한마디로 정렬되는 느낌이었다. 그렇게 하루하루 명령하며 한 걸음씩 나아갔다.

명령은 나를 억누르는 말이 아니라, 나를 일으키는 말이었다. '드림프린터'라는 이름의 원리를 내 삶으로 실험하고 있었던 것이다.

사람들은 드림프린터를 통해 자신의 꿈이 사진으로 눈앞에 출력되자 흥분을 감추지 못했다. 어른들도 아이들과 마찬가지였다.

"이룰 수 있다."

"내가 진짜 보인다."

그들은 말했다. 자신의 꿈을 눈앞에 보고, 그것을 실행할 루틴까지 만들자 스스로 빛나기 시작했다.

나 역시 그랬다. 3년 전, 나는 '책을 쓰겠다'는 목표를 드림프린터에 출력해두었다. 제목도, 내용도 정하지 못했지만 그렇게 적어두었다. 1년이 지나고, 또 시간이 흘렀다. 그저 '해야지' 하는 마음만 남았다. 매일 드림프린터를 바라보며 '언젠간 해야지.' 하던 날들이 이어졌다. 그런데 이상하게도, 그 종이에 출력된 그림을 볼 때마다 가슴 한쪽이 자꾸 뜨거워졌다.

눈에 보이는 목표는 마음을 자극했다. 보이지 않을 때

는 잊을 수 있었지만, 눈앞에 있을 때는 외면할 수 없었다.

"이제는 실행할 시간이 다가오고 있구나."

그 순간, 마음속에서 명확한 목소리가 들렸다.

"이번에는 꼭 써야 한다."

책을 쓰겠다고 마음 먹자. 삶의 여러 상황이 나를 시험하듯 몰아세웠다.

"너, 이래도 책 쓸래?"

그 질문이 매일 나를 괴롭혔다. 하지만 그 힘든 상황들이 오히려 나를 글 앞으로 더 몰아세웠다. 모든 상황이 나를 막는 것이 아니라, 멈추지 않게 붙잡아주는 벽이었다. 나는 명령했다.

"몰입해서 써라."

"오늘은 끝까지 가라."

그 명령들은 나를 지치게 하기보다 집중하게 만들었다.

불안은 줄고, 문장은 쌓였다. 내가 나에게 내린 명령은 강력했다. 거부할 수 없고, 수긍할 수밖에 없는 힘이 있었다. 그리고 그 힘이 나를 여기까지 이끌었다.

나는 이제 안다. 스스로에게 내린 명령에는 무한한 가능성이 있다. 그 명령이 내 꿈을 눈앞에 출력하게 만들었고, 그 길을 따라 여기까지 걸어왔다. 이제 나는 다시 나에게 명령한다.

"이 책이 당신의 첫 번째 출력이 되기를."

이 문장을 읽는 지금, 당신의 드림프린터는 이미 작동을 시작했다. 이제 당신의 차례다. 당신이 스스로에게 명령하라.

"지금 시작한다."

"오늘 한 걸음만 더 간다."

그 짧은 한마디가 당신의 내일을 출력할 것이다.

# 부록

**1단계**

9칸 채우기 – 나를 즐겁게 했던 순간

**※사용방법**

1.위 칸에는 네가 실제로 잘했던 순간이나 기분 좋았던 경험을 적어보자.
2.아래 칸에는 그 경험 속에서 발견한 '되고 싶은 나'를 적어보자.

# 9칸 채우기

| 친구 관계 | 가족 관계 | 진학/진로 |
|---|---|---|
| 잘했던 순간/경험 | 잘했던 순간/경험 | 잘했던 순간/경험 |
| 되고 싶은 사람/미래 | 되고 싶은 사람/미래 | 되고 싶은 사람/미래 |
| **공부** | **내가 가지고 싶은 것** | **성격** |
| 잘했던 순간/경험 | | 잘했던 순간/경험 |
| 되고 싶은 사람/미래 | | 되고 싶은 사람/미래 |
| **취미/특기/게임** | **운동/건강** | **외모/자기관리** |
| 잘했던 순간/경험 | 잘했던 순간/경험 | 잘했던 순간/경험 |
| 되고 싶은 사람/미래 | 되고 싶은 사람/미래 | 되고 싶은 사람/미래 |

## 2단계

정체성 찾기 – 나는 어떤 사람일까?

### ※ 사용방법

1. 1단계에서 아래칸의 '되고 싶은 나'를 가져온다.
2. 그 사람이 되었을 때의 느낌을 붙인다.
3. 느낌 예시 :기쁘다 / 따뜻하다 / 뿌듯하다 / 자신 있다 / 편안하다
4. 문장은 나는 ( 무엇을 하는 ) (어떤 느낌의)사람이다 형식으로 쓴다.
5. 1단계 9칸중에서 가장 마음에 와 닿는 '되고싶은나' 3개를 고른다.

### 정체성 찾기

| 되고 싶은 나 | 되고 싶은 내가 되었을 때 느낌 | 정체성 찾기 |
|---|---|---|
| | | |
| | | |
| | | |

### 3단계

시각화하기 - 머릿속 장면을 그려보기

**※ 사용방법**

1. 2단계에서 만든 정체성 문장을 가져온다.
2. 각 문장을 눈앞에 장면처럼 떠올리며, 구체적으로 적어본다.
3.문장은 너무 길게 쓰지 말고, 짧고 선명하게 한두 문장으로 정리한다.

| | 질문 | 시각화 |
|---|---|---|
| 1 | 어떤 옷을 입고 있어? | |
| 2 | 어디에 있어? | |
| 3 | 네 표정은 어때? | |
| 4 | 누구와 함께 있어? | |
| 5 | 무슨 말을 하고 있어? | |
| 6 | 기분은 어때? | |

| 상상한 장면을 이어서 적어봐 |
|---|
| |

## 4단계

내 그림 찾기 - 시각화한 장면을 눈으로 보기

**※ 사용방법**

1. 3단계에서 떠올린 시각화 장면을 다시 꺼낸다.
2. 그 장면에서 핵심이 되는 주제와 그때의 느낌을 찾는다.
 · 주제 키워드: 요리사 / 교실 / 운동 / 발표 등
 · 느낌 키워드: 따뜻하다 / 자신 있다 / 즐겁다 / 차분하다 / 뿌듯하다 등
3. 인터넷(무료 이미지 사이트)이나 책·잡지에서 해당 키워드에 맞는 이미지를 찾아본다.

## 내 그림 찾기

| 시각화장면 가져오기 | 주제(키워드) | 느낌 | 이루고싶은 날짜 |
|---|---|---|---|
| | | | |
| | | | |
| | | | |

### 4-1 드림프린터 출력하기

**※ 사용방법**

1. 4단계에서 모은 이미지를 편집 툴(캔바·미리캔버스·파워 포인트 등)에 불러온다.
2. 왼쪽에는 주제 키워드, 오른쪽에는 감정 키워드를 배치 한다.
3. 각 이미지 아래에는 정체성 문장과 내가 완성하고 싶은 날짜를 적는다.
4. 보드 위쪽에는 연도 + (자신이름) + 드림프린터를 적는다.
5. 사이즈는 A3 정도로 크게 제작하면 효과적이다.
6. 완성된 파일은 인터넷 인쇄 사이트나 집 프린터로 출력 한다.
7. 출력물은 책상 앞, 거실, 침대 옆처럼 매일 눈에 띄는 곳 에 붙여 둔다.

## 드림프린터 출력하기

20(　　)(　내이름　) **드림프린터**

| 주제키워드 사진넣기 | 감정키워드 사진넣기 |
| --- | --- |
| 목표달성예측 날짜+정체성 | |
| 주제키워드 사진넣기 | 감정키워드 사진넣기 |
| 목표달성예측 날짜+정체성 | |
| 주제키워드 사진넣기 | 감정키워드 사진넣기 |
| 목표달성예측 날짜+정체성 | |

## 5단계

세상에서 가장 쉬운 루틴 만들기

**※ 사용방법**

1. 3단계에서 시각화한 장면을 다시 떠올린다.

예 : "영어로 외국인과 대화하며 즐겁게 웃는 나"

2. 그 장면을 이루기 위해 필요한 행동을 긍정문으로 3가지 적는다.

예 : 매일 영어 단어 5개 외우기 / 영어 영상 보고 따라 하기 / 영어책 한 페이지 읽기

시각화한 장면이 3개라면, 각 장면마다 해야 할 행동을 3가지씩 적는다.

→ 총 9가지 행동이 만들어진다.

3. 루틴을 방해하는 요소를 부정문으로 1가지 적는다.

예 : 늦게까지 휴대폰 보지 않기 / 늦잠 자지 않기

4. 각 시각화 장면에서 적은 3가지 행동 중, 가장 쉽고 당장 실천 가능한 것을 1순위로 정한다.

예 : 영어 단어 5개 외우기 → 나의 첫 번째 '전역루틴'

5. 모든 시각화 장면 중 공통으로 방해가 되는 요소 1가지를 선택해 '버그잡기 루틴'으로 정한

## 해야 할것

| | 해야할 것 3가지씩 적기 | 쉬운 순서 정하기 |
|---|---|---|
| 1 | | |
| 2 | | |
| 3 | | |
| 4 | | |
| 5 | | |
| 6 | | |
| 7 | | |
| 8 | | |
| 9 | | |

## 하지말아야 할 것

| | 하지 말아야 할 것 1가지 |
|---|---|
| 1 | |
| 2 | |
| 3 | |

**6단계**

천억루틴 & 버그잡기 루틴

**※ 사용방법**

1. 5단계에서 정한 '해야 할 것' 중 가장 쉬운 1가지를 선택한다.
2. 시간이 아닌 '상황'을 기준으로 실행 시점을 정한다.
3. 21일 동안 꾸준히 반복한다.
4. 7·14·21일마다 스스로에게 작은 보상을 준다.
5. 성공을 '체크'로 기록한다.

# 천억 루틴

| 언제할래? | 천억루틴 | 처음 시작하는 날짜(　　　　)와 보상 | | | | | | | |
|---|---|---|---|---|---|---|---|---|---|
| | | | | | | | | | 7일보상 |
| | | | | | | | | | |
| | | | | | | | | | 14일보상 |
| | | | | | | | | | |
| | | | | | | | | | 21일보상 |
| | | | | | | | | | |
| | | | | | | | | | |
| | | | | | | | | | |
| | | | | | | | | | |
| | | | | | | | | | |
| | | | | | | | | | |
| | | | | | | | | | |
| 7일동안 천억루틴을 성공했을때 감정이나 느낌을 적는다<br>(각 7일 마다 적는다)만약 하루 빠졌다면 다음날 바로 시작하여 7일 연결한다 | | | | | | | | | |

## 버그잡기 루틴

### ※ 사용방법

1.5 단계에서 정한 '하지 말아야 할 것' 1가지를 적는다.

2. 루틴을 지키지 못한 날에는 실패한 사실을 기록하고,
왜 지키지 못했는지 간단히 적는다.
(예: "피곤했다." "귀찮았다." "다른 일을 먼저 했다.")

3. 실행 시점은 시간을 딱 정하기보다,
상황 단서(예: 밥 먹고 나서, 공부 끝난 뒤, 양치 후 등)를
기준으로 정한다.

| 언제할래? | 버그잡기루틴 | 시작한 날짜 | | | | | | |
|---|---|---|---|---|---|---|---|---|
| | | | | | | | | |
| | | | | | | | | |
| | | | | | | | | |
| | | | | | | | | |
| | | | | | | | | |
| | | | | | | | | |
| | | | | | | | | |

## 7단계

명예의 전당 루틴

### ※ 사용방법

1. 천억루틴을 21일 동안 지켜냈다면, 그 루틴을 명예의 전당 루틴으로 올린다.
2. 명예의 전당에 오른 날짜와 66일째 되는 날짜를 기록한다.
3. 매일 체크할 필요는 없다. 다만 생각날 때마다 확인하며 스스로를 격려한다.
4. 66일째 되는 날, 처음에 적었던 정체성 문장이나 시각화 내용을 다시 읽고 기록한다.
5. 한번 정착된 루틴은 잠시 멈춰도 다시 이어가기 쉽다.

## 명예의 전당 루틴

| | 21일간 성공한 루틴 | 명예전당 오른날 /66일째 되는 날짜 | 성공 여부 | 66일째 되는날 정체성 선언하기 |
|---|---|---|---|---|
| 1 | | | | |
| 2 | | | | |
| 3 | | | | |
| 4 | | | | |
| 5 | | | | |
| 6 | | | | |
| 7 | | | | |
| 8 | | | | |
| 9 | | | | |
| 10 | | | | |
| 계 | | | | |

"나는 매일 행동하는 사람이다."

이제 이 문장이 당신의 새로운 정체성이 됩니다.

# 나는 나에게 명령한다

초판 발행일 2026년 1월 1일

지은이 **정유선**
발행인 **김미희**
펴낸곳 **몽트**

**출판등록 2012.12.20 제 2014-0000-38호**

**주소 안산시 상록구 화랑로 513 2층 24호**
**전화 031-501-2322 팩스 031-501-2321**
**메일 memento33@menthebooks.com**

값 18,000원
ISBN 978-89-6989-113-6 03370